VIE POPULAIRE

DE

HENRI V

DEPUIS SA NAISSANCE JUSQU'À CE JOUR

Avec portrait, armes et *fac-simile*

PAR

C.-J. GRAND

Heureuse France, si jamais il est Roi!
(CHARLES X.)

PARIS
LECOFFRE FILS ET Cᵉ, LIBRAIRES
RUE BONAPARTE, 90
ET CHEZ TOUS LES LIBRAIRES

8 SEPTEMBRE 1871

DÉPOSÉ.

Voilà donc votre Roi, votre unique espérance.

(RACINE, *Ath.*, act. IV, sc. III.)

VIE POPULAIRE

DE

HENRI V

I. — ENFANCE DE HENRI V.

Sa naissance; enthousiasme populaire; bienfaisance de la Famille royale; souscription de Chambord. Son baptême; son enfance; ses premières études. Anecdotes. Révolution de 1830; le chemin de l'exil. (1820-1830.)

C'était un beau jour que le 8 juillet 1815. Louis XVIII rentrait dans son royaume et la nation, menacée par les baïonnettes étrangères, acclamait son nom comme l'espoir d'un meilleur avenir. Non, rien n'était perdu : le Roi était là et le Roi, c'était tout. En quelques années, l'étranger était payé et quittait notre territoire, la prospérité renaissait, le commerce et l'industrie prenaient un nouvel essor. Tout semblait promettre un long avenir de bonheur; soudain, un crime affreux jette la consternation dans le pays : le duc de Berry, l'unique rejeton de la Famille royale, venait d'être assassiné (13 février 1820).

La race de Louis XIV était-elle destinée à s'éteindre? l'attente de la révolution fut trompée. Du sein du tombeau brillait une espérance : « Mon amie, avait dit l'infortuné Prince à son épouse en larmes, ménagez vous pour l'Enfant que vous portez dans votre sein. » Cet espoir ne fut point déçu : le 29 septembre 1820, HENRI-CHARLES-FERDINAND-MARIE-DIEUDONNÉ DE FRANCE, DUC DE BORDEAUX, naissait aux Tuileries.

Cet heureux événement fut accueilli par tous les souverains comme un gage de salut; le Nonce apostolique, au nom du corps diplomatique, saluait l'*Enfant de l'Europe* et les poëtes chantaient l'*Enfant du miracle.*

Jamais, on n'avait vu un pareil enthousiasme, jamais naissance ne fut plus célébrée. Durant tout le jour, une foule immense se pressa autour du palais de nos Rois; il fallut montrer Madame et son Enfant au peuple, ivre de joie et de bonheur. « Alors, dit un écrivain, les Tuileries n'étaient pas bastionnées et le peuple touchait le Roi. » — « Mes amis, vint dire Louis XVIII, en s'inspirant des paroles de l'Église, à la naissance du Sauveur, votre joie centuple la mienne. *Il nous est né un Enfant à tous.* Cet Enfant sera un jour votre père. Il vous aimera comme je vous aime, comme tous les miens vous ont toujours aimés. » En prononçant ces mots, sa bouche couvrait de baisers cette dernière fleur d'une branche presque éteinte.

Il y eut des réjouissances publiques, le soir la ville était brillamment illuminée.

L'élan national se manifestait par les mots les plus touchants. « Je te bénis, jeune Enfant, s'écriait un grenadier de la garde royale, et je fais un engagement de six ans de plus; la bénédiction du vieux soldat te portera bonheur et, quand il le faudra, il se fera tuer pour toi. » — Un autre, tout couvert de blessures : « Ah ! mon Prince, pourquoi suis-je si vieux? je ne pourrai pas servir sous vos ordres.

— Rassure-toi, lui dit Madame, il commencera de bonne heure. »

Un artisan du faubourg Saint-Marceau adresse à Monsieur, comte d'Artois, depuis Charles X, une pétition ainsi conçue : «Monseigneur, ma femme est accouchée, cette nuit, à la même heure que S. A. R. Madame la duchesse de Berry ; nous sommes bien pauvres. » Monsieur lui envoie 50 louis; le même jour, il remettait 25,000 francs pour les pauvres à l'archevêque de Paris et autant au préfet de la Seine.

Ce ne furent pas les seuls actes de bienfaisance de la Famille de France ; par une ordonnance du 2 octobre suivant, le Roi déclarait prendre à sa charge les mois de nourrice de tous les enfants mâles nés, le 29 septembre à Paris, de parents indigents et leur donnait à chacun 200 francs ; il délivrait, en même temps, à ses frais, vingt détenus pour dettes et distribuait aux pauvres 50,000 francs. Pour couronner ces nombreux bienfaits, la clémence royale s'étendit jusque sur les plus grands criminels. Gravier et Bouton, convaincus d'avoir voulu attenter aux jours de la duchesse de Berry et amener la mort de l'Enfant qu'elle portait dans son sein, furent graciés par le Roi, sur les instantes prières de Madame elle-même. Ainsi, ceux qui avaient formé le dessein de tuer le Duc de Bordeaux avant sa naissance, durent leur vie à sa naissance même !

La joie publique se manifesta bientôt par des actes. Le comte de Calonne, se faisant l'interprète des vœux de la nation, eut l'heureuse idée d'offrir au fils du duc de Berry le château de Chambord. Ce magnifique palais était destiné à tomber sous le marteau des démolisseurs, si un nom royal n'était venu protéger ses murs. La souscription fût couverte comme par enchantement. Tous voulurent y concourir : pauvres ou riches, grands ou petits, soldats ou ouvriers. Jamais, dans le cours de sa vie, Henri de France n'oublia cet hommage spontané de tout un peuple. Comte de Chambord a été le seul titre qu'il ait voulu revendiquer dans l'exil, parce qu'il lui rappelait la patrie absente et les joies de son enfance.

Le 1er mai 1821 avait été le jour fixé pour le baptême du Prince. Les fêtes furent splendides. « La cerémonie du baptême, écrivait, le 6 mai, l'illustre Maine de Biran à ses filles, doit avoir fait, dans l'âme de tous ceux qui l'ont vue, une impression qui ne s'effacera pas. Tout concourait à la rendre somptueusement touchante. Je ne parle pas de la pompe et de la magnificence de Notre-Dame décorée pour cette fête, comme elle ne l'a jamais été. Mais les augustes personnages, vers lesquels tous les regards se dirigeaient, cet Enfant précieux *auquel se rattachent toutes nos destinées*, consacré à Dieu par le vénérable archevêque, les cris de Mademoiselle en voyant son frère porté à l'autel, l'air de force et de vie de notre petit Henri, la contenance de son héroïque mère, tout cela composait un tableau dont je regrette de ne pouvoir donner à mes chères filles une idée exacte ; il faut avoir vu et senti. »

L'éducation de Henri de France commença presque au sortir du berceau, on en surveilla scrupuleusement jusqu'aux moindres détails. Pas un de ses petits caprices qui ne fût réprimé, pas un de ses défauts naissants qui ne fût corrigé ; on avait trop à cœur de le voir, un jour, rappeler sur le trône les vertus de saint Louis, de Louis XII et de Henri IV.

Confié dès le premier âge aux soins de Mme de Gontaut, il fit des progrès rapides sous une telle direction. Ses premières études furent communes avec sa sœur, Mademoiselle, qui comptait une année de plus que lui. Ce fut en 1823 que M. Colart, élève de l'abbé Gaultier, donna la première leçon au Duc de Bordeaux; dès l'âge de quatre ans, le Prince savait parfaitement lire.

L'amitié du frère et de la sœur se resserra dans cette communauté de travail et d'étude. Pour mieux exciter leur émulation, on adopta une méthode simple et ingénieuse. Chaque fois que la leçon était bien apprise et que le maître était satisfait, on leur délivrait un bon; on comptait à la fin du mois et le Roi payait exactement chaque bon d'après un tarif réglé. Cet argent servait aux Enfants de France pour leurs aumônes. L'ardeur de Henri se ralentissait-elle ou son attention était-elle distraite? un mot lui rendait tout son zèle : « Prenez garde, Monseigneur, lui disait-on, vos pauvres en souffriront. » — « Oh! non, s'écriait-il, je ne veux pas, » et il redoublait d'activité et d'application pour gagner l'argent qu'il employait à soulager ses pauvres.

« Ma seule méthode d'éducation, dit Mme de Gontaut, a été une observation continuelle; profitant de tout pour améliorer et instruire, ne laissant jamais échapper le moment d'un tort, pour amener celui de la réflexion... Les détails les plus minutieux ont été dirigés par moi; les défauts mêmes des personnes attachés à l'éducation étaient surveillés, la moindre flatterie réprimée, la vérité était scrupuleusement et sévèrement observée... Un enfant prince, exposé à être loué, court le risque de se croire un prodige. Pour obvier à cet inconvénient, Monseigneur et

Mademoiselle ont souvent des cours d'enfants de leur âge. J'ai cherché par ce moyen à leur donner l'habitude de voir des succès sans envie et d'en obtenir sans vanité. J'ai mis un soin particulier à n'admettre, dans l'intimité des études et des jeux, que des enfants bien élevés ; ceux mêmes dont j'étais le plus sûre étaient surveillés. Il est si nécessaire de tout entendre ; car rien dans l'éducation n'est indifférent et l'exemple est d'une conséquence immense ! Cette surveillance est sans doute fatigante pour un chef, car elle doit être de tous les instants ; mais je la trouve d'une telle importance, que je ne me suis jamais permis une négligence dans ce devoir. »

Quand le Prince eut atteint sa sixième année, on confia son éducation aux mains d'un gouverneur. Le duc de Montmorency, appelé à ces hautes fonctions, mourut avant de les avoir exercées, le duc de Rivière lui succéda ; à sa mort, il fut remplacé par le baron de Damas. Ce dernier employa tous ses soins à corriger le naturel trop vif et trop ardent de son élève et à cultiver ses qualités naissantes.

Henri annonçait dès ses premières années un caractère plein de bonté et de franchise. Un jour, vivement contrarié dans ses petites volontés par sa gouvernante, il laisse échapper un gros juron ; on lui demande qui a pu lui apprendre à parler ainsi : « Je ne puis le dire, répond-il, on le gronderait bien fort. » Sa mère ne peut obtenir d'autre réponse. On le mène chez le Roi, qui lui fait sentir toute l'inconvenance de ses paroles ; l'Enfant en convient et promet de ne les point répéter de sa vie, mais ne veut point dénoncer le coupable : « Je ferais une bien plus grande faute, si je causais sa perte. » — « En ce cas, dit son grand-oncle, d'un air grave, restez aux arrêts derrière mon fauteuil, jusqu'à ce que vous ayez obéi. » L'Enfant reste debout sans proférer un seul mot et se résigne à la punition qu'on lui a imposée. Au bout d'un quart d'heure, le Roi l'appelle, le prend sur ses genoux et le félicite de sa discrétion courageuse. Un moment après, Henri rencontre le coupable, c'était un valet de chambre; il le tire par l'habit et lui dit : « Sois tranquille, je ne t'ai point nommé. »

De bonne heure, il montra un goût prononcé pour les exercices militaires. Quand le froid était excessif, il allait à l'Élysée-Bourbon et là, en plein air, il allumait des fagots et faisait bouillir une marmite. Il ne manquait point d'envoyer de son bouillon à sa mère et au Roi, qui s'amusaient beaucoup de cette attention. Ses récréations se passaient à batailler avec ses petits camarades de jeux. Il y avait toujours le parti opposé, les Anglais ou les Prussiens, et, bien entendu, les Français étaient toujours vainqueurs. « En avant le drapeau blanc, » disait Henri au porte-enseigne et il se jetait avec furie sur ses petits ennemis, en criant : « Victoire à la France! Anglais, rendez-vous! » Un jour, il lui arriva de passer devant un poste sous les armes; tout à coup, il quitte la main de M. de Damas et va se placer au milieu d'un peloton de grenadiers: « Vous êtes surpris, dit-il à son gouverneur, c'est que je suis soldat aussi, je sers la France! »

Que ne pouvait-on pas attendre d'un Enfant, qui, à l'âge de huit ans, s'écriait : « *Je veux être Henri IV second !* » et qui faisait dire à son grand-père : « *Heureuse France, si jamais il est Roi!* » La révolution coupa court à toutes ces espérances; les hommes de 1789 et de 1793 ne pouvaient pardonner à cette race royale qu'ils avaient proscrite, d'avoir, en quelques années, rendu à la France sa grandeur primitive et d'avoir osé arborer le drapeau de Jeanne d'Arc, de Turenne et de Condé sur les murs d'Alger. Trois journées d'insurrection suffirent pour abattre un trône séculaire. (Juillet 1830.)

Charles X et son fils, le duc d'Angoulême, espérant apaiser l'émeute, abdiquèrent en faveur du Duc de Bordeaux. L'innocence et la jeunesse du Prince ne purent désarmer la haine des partis et le vieux Roi, ne voulant pas que le nom de son Henri fût souillé de sang français, s'achemina vers l'exil. « Le voyage fut triste et silencieux. Dans plusieurs endroits, on osa pourtant témoigner aux augustes voyageurs tout l'intérêt qu'ils inspiraient. A Montebourg, près Valognes, les habitants paraissaient animés d'une curiosité bienveillante et respectueuse. Ils entouraient la voiture du jeune Duc, lui offraient leurs vœux, lui demandaient ses mains à baiser, et plusieurs s'écriaient en fondant en larmes : « On nous a bien défendu de vous dire ce que nous pensons, mais c'est égal, vive le Duc de Bordeaux ! revenez bientôt. »

A Valognes, les gardes du corps vinrent remettre au Roi leurs drapeaux : « Messieurs, dit le frère de Louis XVI, je reprends ces étendards ; vous avez su les conserver sans tache : j'espère qu'un jour mon petit-fils vous les rendra de même. »

La scène fut encore plus triste à Cherbourg ; c'était la dernière halte sur le sol français. Le petit Prince et la princesse, sa sœur, attiraient surtout l'attention : Si jeunes, répétait-on, et déjà si à plaindre ! Les deux Enfants ouvraient de grands yeux et regardaient la foule sans trop comprendre ; l'avenir devait leur découvrir le sens de ce mot mystérieux : l'*exil* !

Le 16 août, la Famille royale s'embarquait pour l'Angleterre. « Sire, dit Odilon Barrot à Charles X, conservez bien cet Enfant précieux, *sur lequel reposent les destinées de la France* ! » Ce furent les dernières paroles adressées aux illustres Proscrits ; peu après, ils quittaient le sol de la patrie.

II. — L'EXIL.

La traversée. Lulworth. Holy-Rood. Amour de Henri pour la France. Sa première communion ; ses études ; son portrait. Prague ; les pèlerins de la fidélité ; la duchesse de Berry. Départ de Prague. Budweiss ; Lintz, Goritz. Mort de Charles X. (1830-1836.)

La traversée dura plus de huit jours ; l'incertitude du lieu où l'on devait conduire les Exilés explique la longueur du trajet. Le capitaine Dumont d'Urville, qui devait tout son avancement à Charles X, avait accepté cette triste mission ; il se montra sans égards pour le malheur et ternit sa réputation par une conduite plus qu'inconvenante.

Le premier séjour des Bourbons sur la terre étrangère fut le château de Lulworth, situé sur les côtes du Dorsetshire. Ils y furent accueillis avec la plus affectueuse cordialité par la famille des Weld dont la fidélité pour les trônes déchus remontait aux Stuarts. Peu après, ils allèrent habiter l'antique palais d'Holy-Rood situé dans la ville d'Édimbourg. Au moment de quitter Lulworth pour se retirer en Écosse, Mademoiselle dit à son frère : « Je serai plus heureuse que toi, je ferai le voyage par terre, et toi, tu iras par mer, tu ne verras rien. » — « Ah! répondit Henri, je ne voudrais pas changer avec toi, je verrai la France. »

La France, toujours la France, il ne vivait, il ne respirait que pour elle. A elle, toujours, il envoyait ses petites économies; la pensée d'avoir secouru des Français le consolait de l'ingratitude de ses concitoyens. Lorsque les journaux firent connaître à Holy-Rood la loi du colonel Briqueville relative au bannissement à perpétuité de Charles X et de sa famille, Henri fut saisi d'un mouvement d'horreur. « Je n'y puis croire, s'écria-t-il, c'est impossible; mais ils ne savent donc pas que je les aime et bien plus que tous les autres pays, où l'on est cependant bien bon pour nous! Non, non, je ne le croirai jamais... Non, cela est impossible. »

Quelquefois, à la pensée de la haine qui accueillait ses bienfaits en France, il était pris d'une sorte de découragement. Alors apparaissait près de lui, sa sœur Louise, cet ange envoyé du ciel pour sécher tous les pleurs et égayer de son sourire les amertumes de l'exil. « Qu'importe, disait-elle, qu'on nous méconnaisse, que l'on attribue notre offrande à un motif indigne de nous! Le bien que nous aurons fait, les larmes que nous aurons taries, ne le seront pas moins. Et quand nous n'aurions ravi à la douleur qu'un seul malheureux! Henri, laissons-nous soupçonner sans regrets. Ta vie à venir nous justifiera, car tes vertus, les cœurs que tu auras soumis, voilà, mon frère, l'héritage que je réclamerai un jour! — Toi, répondit Henri, toi, Louise, ma sœur et toujours ma meilleure amie, tu partageras tout avec moi! mais peut-être, hélas! ne sera-ce que la terre d'exil; peut-être y grandirons-nous, y vieillirons-nous;

mais, du moins, mon bras ne sera pas toujours débile : il sera l'appui de ma mère. » Paroles empreintes de tristesse qui n'en témoignaient pas moins de la vive affection du frère et de la sœur. Une cérémonie auguste vint encore cimenter cette union.

La première communion des Enfants de France avait été fixée au 2 février 1832. Rien de plus touchant que cette fête célébrée dans l'exil, que la vue de ces deux orphelins souriant à leur malheur et de cette famille proscrite priant pour la France. A la fin de cette belle journée, Charles X apprit à son petit-fils toutes les circonstances du meurtre de son père. Le jeune Prince sut tout, pleura et pardonna. Qu'il était bien le digne fils du martyr du 13 février, qui répétait à sa dernière heure : « Grâce pour l'homme ! »

A Holy-Rood, furent reprises régulièrement les études du Duc de Bordeaux. La direction en fut entièrement concentrée dans les mains de M. Barrande, ancien élève de l'École polytechnique, homme d'une haute intelligence et d'une vaste érudition. Si Henri était resté en France, son éducation, si fortement commencée, eût certainement continué à être dirigée par les hommes les plus éminents du siècle ; mais cependant quelle différence avec l'éducation de l'exil ! Les leçons de l'adversité, ce grand maître, fortifient son cœur, ses malheurs lui apprennent que les Rois sont faits comme les autres hommes et ne sont pas à l'abri des douleurs ; que, « pour être dignes de commander, il faut qu'ils montrent leurs vertus à côté de leurs droits, » selon la belle expression de Lamartine. Éloigné de son pays, il pourra mieux juger les grandes luttes qui s'y préparent et saisira mieux par quels moyens on aurait pu les éviter.

Un Anglais, qui vint à Holy-Rood dans l'automne de 1832, parle en ces termes du fils du Duc de Berry : « Il a le caractère impétueux de son père, les grâces et la gaieté de sa mère, le bon cœur de tous ses parents. Peu d'enfants ont à cet âge l'esprit aussi cultivé, surtout sous le rapport des connaissances historiques... Son esprit vif et éveillé lui fait trouver de petits traits enjoués, de petites saillies qui répandent beaucoup de charmes dans ses discours enfantins. » Il n'oubliait pas les pauvres d'Édimbourg et se plaisait à soulager leurs infortunes : « Je ne connais pas de plus gentil garçon, disait une vieille femme de la ville en parlant du Duc de Bordeaux. Il est bon pour les pauvres gens et ne garderait pas l'argent, lorsque quelqu'un en a besoin. Et tant pis sera pour nous tous ici, lorsqu'il s'en ira chez lui, en France. »

L'attitude peu favorable de l'Angleterre força bientôt les Bourbons à quitter Holy-Rood, tant il y avait pour eux d'instabilité jusque dans l'exil même! Les adieux furent touchants; le peuple d'Écosse éprouvait tant de peine à se séparer de ce royal Enfant qui savait déjà donner *en Bourbon*, de sa sœur, Mademoiselle, si bonne et si gracieuse, de ce vieux Roi, de son fils dont la douleur et la charité émouvaient tous les cœurs et enfin de la fille de Louis XVI, dont l'infortune n'avait d'égale que la générosité.

Prague fut la troisième demeure des descendants de saint Louis sur la terre étrangère. Ils y habitèrent le Hradschin, vaste palais, mis à leur disposition par l'Empereur François II, et, pendant l'été, la résidence de Buschtirad, que leur avait offerte le grand-duc de Toscane. Ils y reprirent le cours de leur vie habituelle. Les journées s'y succédaient avec une triste monotomie; trop heureux, quand de rares courtisans du malheur venaient, à la veille de quelque anniversaire, apporter aux Exilés un parfum de la patrie absente. Une de ces plus belles journées fut celle du 27 septembre 1833. Le Duc de Bordeaux entrait dans sa quatorzième année; suivant les anciennes lois de la monarchie, c'était l'époque de sa majorité. Aussitôt arrivent de tous les points de la France les pèlerins de la fidélité, les Châteaubriand, les Marcellus, les Walsh et tant d'autres que nous regrettons de ne pouvoir nommer.

Seule, la duchesse de Berry manquait à cette fête. Espérant faire valoir les droits de son fils, elle était descendue en France; mais trahie, vendue et enfermée dans une prison, elle avait vu fuir le rêve de son existence. Rendue à la liberté, elle tomba malade à Léoben; les embrassements de ses Enfants lui rendirent la santé et lui firent oublier toutes ses peines.

Plus de trois ans s'étaient écoulés (1832-1836) depuis que la Famille royale était fixée dans la capitale de la Bohême, lorsque la mort de l'Empereur François II et les préparatifs du couronnement de son successeur Ferdinand II, que l'on faisait au Hradschin, déterminèrent le frère de Louis XVI à changer de résidence. Sur la renommée du site de Goritz, il résolut d'y fixer son séjour. Les adieux de Prague furent aussi touchants que ceux d'Holy-Rood. C'était la même foule, qui faisait paraître les mêmes sentiments et les mêmes regrets. Étrange destinée des Bourbons! En France, ils étaient en butte aux haines des partis, tandis que les populations étrangères, parmi lesquelles ils fixaient leur exil, les pleuraient comme leurs pères ! Charles X lui-même était ému et tâcha de se dérober à toutes ces marques de reconnaissance. Il arrêta longtemps les yeux sur la magnifique perspective que Prague offrait à sa vue : « Voilà, dit-il, une des plus belles situations que j'aie jamais vues : ce spectacle était pour moi une véritable jouissance... Nous quittons ce château sans bien savoir où nous allons ; à peu près comme les patriarches qui ignoraient où ils planteraient leurs tentes... Que la volonté de Dieu s'accomplisse ! »

Depuis quelque temps, le vieux Roi était en proie à de tristes pensées ; il avait un pressentiment de sa mort prochaine et il lui semblait bien amer d'avoir une tombe dans l'exil. Les espérances, qu'il plaçait en son petit-fils, étaient les seuls liens qui le rattachaient encore à l'existence. Il eut un moment d'angoisse lorsque Henri de France tomba grièvement malade, à Budweiss, dans le trajet de Prague à Goritz ; heureusement, ce n'était qu'une crise de développement et le jeune Prince put bientôt occuper ses loisirs à parcourir les lieux où il passait.

A Lintz, l'archiduc Maximilien conduisit le Duc de Bordeaux dans toutes les parties du grand système de fortifications dont il était l'inventeur ; il fut si charmé de son instruction et de son intelligence militaires, qu'après son départ il dit aux officiers de son entourage : « Je suis sûr que vous avez ressenti ce que j'ai éprouvé auprès de ce jeune Prince ; il a en lui quelque chose d'extraordinaire : *on dirait que la main de Dieu est sur sa tête.* »

Ce fut encore dans cette ville que fut célébré l'anniversaire de la naissance du Roi qui achevait sa soixante-dix-neuvième année. Mademoiselle vint lui exprimer ses vœux avec sa grâce habituelle : « Mon enfant, lui répondit son grand-père, le ciel m'accorde de commencer avec vous cette quatre-vingtième année, il est probable qu'elle ne se terminera pas de même. » Une larme mouilla les yeux de l'aimable princesse, qui feignit de ne pas comprendre et détourna adroitement la conversation; mais le Roi, s'adressant aux Français réunis dans le salon : « Oui, leur dit-il, peu de temps s'écoulera d'ici au jour où vous suivrez les funérailles du pauvre vieillard. »

Hélas ! il disait vrai; le 6 novembre 1836, deux jours après la Saint-Charles, le vainqueur d'Alger mourait frappé du choléra. Ses dernières paroles furent un pardon pour ses ennemis et un souvenir pour Henri et Louise : « Que Dieu vous protége, mes enfants, leur dit-il, marchez devant lui dans les voies de la justice... ne m'oubliez pas... Priez quelquefois pour moi ! » Il fut enterré dans l'humble couvent des Franciscains de Goritz. C'était le premier deuil des Bourbons sur la terre étrangère, ce ne devait pas être le dernier.

III. — ÉDUCATION ET VOYAGES DE HENRI V.

Ses maîtres; plan de l'éducation; qualités du corps, de l'esprit et du cœur. Ses voyages. Voyage dans les provinces d'Autriche. Voyage de Rome, Naples, Florence; son effet; désappointement des ennemis de Henri V. Traité du 19 juillet 1840; études stratégiques. (1836-1840.)

Après la mort de Charles X, la Famille royale concentra ses affections sur le riant augure du 29 septembre. Henri annonçait déjà ces qualités si précieuses qui se retrempent au contact du malheur. Rien n'avait été oublié pour concourir à son éducation. Les hommes les plus éminents avaient été appelés de France. C'étaient M. Barrande, dont nous avons parlé, puis Mgr Frayssinous, chargé de la direction des études classiques, M. l'abbé Trébuquet, *l'ange de Frohsdorf*, qui s'est éteint doucement en 1869; M. Cauchy, qui initia son élève aux sciences exactes; enfin le colonel Monnier, les généraux d'Hautpoul et de Saint-Chamans, chargés de lui faire connaître toutes les parties de l'art militaire. On n'avait pas négligé l'étude des langues étrangères; Henri les parlait avec facilité, mais ne s'en servait qu'avec répugnance. On lui en fit un jour l'observation : « Que voulez-vous? répondit-il, je pense toujours au français. »

« Je veux, disait l'évêque d'Hermopolis, en faire avant tout un honnête homme, un chrétien qui puisse supporter la bonne comme la mauvaise fortune. Je lui dirai : Il importe peu que vous soyez Roi, Dieu seul en décidera; mais ce qui importe, c'est que, si vous n'êtes pas sur le trône, chacun voie et sente que vous êtes digne d'y monter. » Il écrivait dans une lettre à la duchesse de Berry : « Espérons que le jeune Prince tiendra ce qu'il promet : il y a dans son âme et dans son esprit de quoi faire un honnête homme, un chrétien sincère et un grand prince. » Ces vœux se réalisaient-ils? Il faut le croire si l'on interroge les pèlerins de l'exil. « Parmi les enfants extraordinaires que j'ai vus, disait Châteaubriand, nul ne m'a plus étonné que M. le Duc de Bordeaux. »

Les exercices du corps n'avaient pas été négligés. Rompu à toutes les difficultés de l'équitation, versé dans l'escrime, il était en outre d'une habileté remarquable au tir du pistolet et y mettait tant d'ardeur que M. de La Villate, chargé du soin de sa personne, était obligé de l'entraîner lorsque le moment de se retirer était venu. « Encore un petit coup, mon bon La Villate, et ce sera le dernier; oh! oui, le dernier... si je ne le manque pas... Le voici manqué... oh! peut-on finir comme cela? C'est impossible. Tenez, tenez, à coup sûr celui-ci ne manquera pas... » et il sortait tout rayonnant d'avoir une dernière fois atteint le but. On en fit de bonne heure un nageur intrépide. Sa dernière épreuve fut de se jeter tout habillé dans la Moldau, rivière qui baigne les murs de Prague. Parvenu à l'autre bord, il dit une parole qui peignait bien toute la noblesse de son cœur : « Maintenant je pourrai sauver un homme. »

A ces qualités de l'esprit et du corps, Henri de France joignait d'éminentes qualités du cœur. Que de fois ne l'a-t-on pas vu avec sa sœur parcourir les chaumières des indigents! que de larmes n'a-t-il pas séchées! que de bienfaits ignorés n'a-t-il pas répandus!

Pour que rien ne manquât à cette éducation vraiment royale, on voulut qu'il joignît à la science des livres celle de l'expérience. Quand le cours de son éducation classique fut achevé, il entreprit une série de voyages, qui devaient compléter son instruction militaire et ses études politiques et lui faciliter l'usage des langues étrangères qu'il possède à un si haut degré. C'est ainsi qu'en 1836, il visita, en compagnie du colonel Monnier, les champs de bataille qui s'étendent autour de Prague. En 1838, il avait vu Venise, Mantoue et Milan. Au printemps de 1839, il parcourait les diverses provinces de la monarchie autrichienne. « Il avait, dit Théodore Muret, pour l'accompagner le général Foissac-Latour, le duc de Lévis, qui a commandé avec honneur le 54e de ligne (spécialement dans l'expédition de Grèce en 1828, où il coopéra à la prise du château de Morée), et le comte de Locmaria. Le Prince visita la Transylvanie et les frontières de l'Autriche qui touchent à l'empire ottoman : étant passé à Péterwardein, où le prince Eugène de Savoie remporta sur les Turcs une célèbre victoire, Henri se plut à rappeler que la gloire de cette journée fut partagée par un Français le comte de Bonneval, qui servait sous les ordres du prince en qualité de major-général. Le noble voyageur alla jusqu'à la ville turque de Belgrade, où il fut reçu avec autant de respect que d'empressement par Joussouf-Pacha, l'un des principaux généraux du sultan. Par un hasard qui fut très-agréable à Henri, ce fut un Français, ancien hussard du 6e régiment et jadis prisonnier de guerre en Russie, qui lui servit les rafraîchissements d'usage...

« En Transylvanie se trouve une sorte de colonie de Français. Henri se détourna de son chemin exprès pour les voir. Ils allèrent joyeusement à sa rencontre avec leur maire et leur curé. Pour ces braves gens, la révolution de juillet n'existait pas. Combien le noble Exilé fut heureux de se trouver ainsi au sein d'une petite France! Henri parcourut la Hongrie; il étudia les institutions politiques si remarquables de ce pays. Dans les contrées les plus reculées, son nom et ses malheurs étaient connus et les populations accouraient sur son passage pour le saluer. A Pesth, le Prince avait projeté de se baigner dans le Danube, très-large en cet endroit, et la prudence exigeait qu'on le fit suivre d'un bateau. Un seul batelier avait été averti, mais à peine le Prince parut-il à la pointe de l'île située à une demi-lieue de Pesth, qu'un grand nombre de barques, dont plusieurs étaient ornées de fleurs ou chargées de musiciens, se groupèrent autour du modeste batelet; soixante nageurs se jetèrent à l'eau avec le Prince, tandis que le peuple, groupé sur les bords du fleuve, poussait de bruyantes acclamations. Le soir, Henri reçut une sérénade préparée par les musiciens de la ville et le lendemain, l'archiduchesse Palatine lui donna un dîner dans l'île même où il avait éprouvé une si agréable surprise.

« De Pesth, le Prince se rendit à Presbourg par le bateau à vapeur. Plus de deux cents personnes s'y étaient embarquées et prodiguèrent à Henri toutes sortes de marques de respect. A Vienne, il reçut le plus brillant accueil : on voulut lui prodiguer des honneurs qu'il refusa, préférant garder son incognito, qui lui permettait d'entrer plus librement en relation avec tous les hommes dont la conversation pouvait lui être utile. Néanmoins, le Prince dinait souvent chez l'empereur avec les membres de la famille impériale. » Il ne put s'empêcher de visiter dans sa retraite de Weileburg, l'illustre archiduc Charles, qui se mesura si glorieusement avec la fortune de Napoléon. Au sortir de l'entretien, évoquant par la pensée les grandes scènes dont il venait d'entendre le récit, il court à Wagram et étudie, sur le terrain même, la marche de la bataille; par une heureuse circonstance, il avait avec lui deux acteurs de cette immortelle journée, MM. de Locmaria et de Foissac-Latour.

A la fin de la même année et au commencement de l'année 1840, il visitait toute l'Italie et assistait aux grandes manœuvres du camp de Vérone. La vivacité de son intelligence et son affabilité charmaient toutes les personnes qui l'approchaient. Le duc de Cambridge du sang royal d'Angleterre ne put résister à cet invincible attrait; il lui dit en le quittant : « Je voulais aller à Paris, mais maintenant je n'irai plus que lorsque je serai sûr de vous y trouver. » Après avoir traversé rapidement Gênes, Livourne, Pise et Sienne, Monseigneur s'arrêta à Rome, pour y étudier toutes les grandeurs anciennes et modernes, la cité païenne et la société chrétienne. Le Saint-Père le reçut en audience solennelle et le traita avec la plus grande distinction.

Une foule immense de Français, protestant contre la lâcheté de ceux qui n'adorent que le dieu du moment, se porta au palais Conti, résidence du Prince. Le 1er janvier, la foule des visiteurs était si grande que quelques dames se trouvèrent indisposées par la chaleur. Il s'en aperçut et dit tout bas : « On se plaint de ne pouvoir respirer; pour moi, je n'ai jamais respiré si à l'aise. Ce monde venu de France m'a apporté de l'air du pays; jamais, mon cœur n'a mieux battu. » Un simple artisan de Marseille supplia S. A. R. d'admettre à son service l'un de ses fils : « Prenez mon fils, Monseigneur, lui dit-il, je suis assez riche pour l'entretenir; nous serons tous si heureux d'avoir un des nôtres auprès de vous. »

Parmi ces visiteurs, il y avait aussi des ennemis de Henri de France venus, avec un sentiment de haineuse curiosité, pour s'assurer si l'héritier de nos Rois, comme aimait à le répéter la presse officieuse, était dénué de toute capacité. Grand fut leur étonnement de voir un jeune homme, au front rayonnant d'intelligence, beau, affable et ouvert à toutes les questions du jour. Quelques mots résumeront l'effet du voyage de Rome, ils viennent de la bouche d'un adversaire du Prince, de M. de Flahaut, ambassadeur de Louis-Philippe : « Deux choses frappent en lui : *un air de grandeur et de prédestination.* »

De Rome, le fils du duc de Berry vint à Naples (18 janvier 1840) où on l'accueillit en Roi. Ferdinand, souverain des Deux-Siciles, voulut voir le fils de son héroïque sœur. M. le Comte de Chambord, donnons à Henri de France le titre qu'il avait pris lui-même au début de ses voyages, ne perdait pas son temps dans les fêtes de la cour ; on le voyait, tantôt avec le général Filiangieri, parcourir les casernes, les arsenaux de Naples ; tantôt faire des excursions à Herculanum, Pompéi et Sorrente. Il voulut gravir le Vésuve ; ses nombreux compagnons de route se tenaient à quelque distance de lui : « En avant, Messieurs, s'écria-t-il, je vous veux tous à mes côtés. » Le lendemain, par une de ces belles soirées dont jouit Naples, on fit une promenade sur mer. L'esquif, poussé par une brise légère, voguait vers Ischia et Procida ; la conversation vint à tomber sur les coups de vent qui sont assez fréquents dans ces parages : « Si nous étions jetés sur les côtes d'Afrique, dit quelqu'un, que ferions-nous ? » « — Ce que nous ferions, répond Monseigneur, nous prendrions chacun un fusil, nous marcherions contre les Arabes et après les avoir bien frottés, nous reviendrions nous embarquer, non sans avoir demandé à nos compatriotes, s'ils sont contents de nous. »

L'auguste voyageur reprit bientôt (27 janvier) la route de Rome, où Grégoire XVI le reçut, une seconde fois, en audience. Son séjour dans la Ville-

Éternelle fut fort court, au grand regret du peuple romain qui eût désiré le voir s'arrêter plus longtemps au milieu de lui. Le 9 février, il était à Florence l'objet de toutes les prévenances et les attentions. Le vieux républicain Bertholini, sculpteur renommé, dont il visita les ateliers, ne put s'empêcher de dire : « J'ai eu l'honneur de recevoir Monseigneur le Duc de Bordeaux. Je regrette de n'être plus assez jeune pour faire son buste de souvenir; ce serait le Roi des Princes. »

Henri de France était à peine de retour à Goritz, lorsqu'il apprit la nouvelle du traité du 15 juillet 1840, qui enlevait à la France son influence prépondérante. « Un Bourbon, s'écria-t-il, aussitôt, un Bourbon aurait répondu avec le canon, qui émancipa l'Amérique et conquit Alger. » Pour faire trêve à l'indignation qui débordait de son cœur, il se rendit aux champs de bataille d'Austerlitz, de Lutzen et de Bautzen. Là, il suivait le mouvement des armées; le plan de bataille à la main, il faisait mouvoir les troupes, commandait la charge décisive et livrait de nouveau, par la pensée, les grands combats de nos pères; ses yeux, brillant d'un éclat nouveau, semblaient dire : Que n'étais-je là! Une excursion en Bohême et en Suisse termina cette visite aux lieux illustrés par la gloire de la France.

A ces études de stratégie succédèrent des études maritimes à Venise (1840-1841) entreprises au milieu de l'hiver même, tant le petit-fils de Charles X tenait à cœur de n'ignorer aucune branche des connaissances humaines.

Cette vie si active fut interrompue par un grave accident.

IV. — VOYAGE DE HENRI V A LONDRES.

Accident de Kirchberg. Mort du duc d'Orléans; belle conduite de Henri V. Son voyage en Angleterre. Hommages qu'il y reçoit. Henri V à Londres; pèlerinage de Belgrave-Square; Châteaubriand; la veuve bretonne; une réception à Belgrave-Square; les ouvriers; le sculpteur Flatters. Paroles de Henri V. Effet du voyage à Londres. Faute de Louis-Philippe. (1841-1844.)

Le 28 juillet 1841, le Prince était sorti pour faire une promenade aux environs de Kirchberg, sa résidence d'été. Tout à coup, le cheval qu'il montait, vif et ombrageux, s'arrête, effrayé par une charrette couverte d'une de ces bâches, blanches et mobiles, si communes dans ces pays. Excellent et hardi cavalier, Monseigneur veut passer outre, le cheval se cabre, une des personnes qui l'entourent se précipite à son secours: « Non pas, s'écrie-t-il, s'il y a du danger, c'est moi que cela regarde; » et il donne un coup d'éperon. L'animal, hors de lui, se dresse sur ses pieds de derrière et se renverse sur son cavalier qui n'avait perdu ni la selle, ni les étriers. Henri de France était étendu en arrière et le cheval pesait de tout son poids sur lui. Pour se dégager, il l'atteint du bras qui lui est resté libre, l'animal, après quelques efforts, se relève en prenant pour point d'appui la cuisse même du Prince. Jugez des douleurs horribles qu'endurait le blessé : « Il faut, dit-il, aller chercher une voiture, car je sens que j'ai la cuisse cassée. » Voyant l'affliction de ceux qui l'entouraient : « Eh! messieurs, ce n'est rien, ajoute-t-il, ce n'est qu'une jambe cassée et Bougon me la remettra bien ; mais pourtant quel dommage que ce ne soit pas sur un champ de bataille ! »

Le traitement fut long et pénible; le courage

de M. le Comte de Chambord supporta toutes les souffrances. Jamais la protection divine n'apparut avec plus d'éclat. Selon toutes prévisions, il devait périr et voilà qu'il sort sain et sauf de cette terrible épreuve. Pourquoi? Dieu seul le sait. En France, le bruit de la chute de Kirchberg fut bientôt répandu; il fit éclater la douleur la plus vive parmi les royalistes, tandis qu'un homicide espoir se glissait dans les rangs de leurs ennemis. Des spéculateurs éhontés ne craignirent point de jouer à la hausse ou à la baisse sur un lit de mort !...

Passons rapidement sur ce spectacle qui dégoûte tout homme de cœur. Un an s'écoule, un cheval s'emporte sur la route la plus unie, un pavé se rencontre; c'en est fait: le duc d'Orléans est précipité hors de sa voiture, il est mourant, fracassé, il est mort. Henri de France se lève de son lit de douleur pour aller prier pour le repos de l'âme de son infortuné parent. En même temps à Goritz, la fille de Louis XVI, le comte de Marnes (c'était le nom d'exil du duc d'Angoulême) et Mademoiselle s'approchaient de la table sainte et suppliaient Dieu de recevoir dans son sein le duc d'Orléans. « A la nouvelle du triste événement dont vous me parlez, dans votre dernière lettre, écrivait M. le Comte de Chambord, ma première pensée a été de prier et de faire prier pour celui qui en a été la malheureuse victime. J'ai été plus favorablement traité l'année dernière et j'en rends d'autant plus de grâce à la Providence, que j'espère qu'elle ne m'a conservé la vie que pour la rendre un jour utile à mon pays. Quel que soit le cours des événements, ils me trouveront toujours prêt à me dévouer à la France et à tout sacrifier pour elle. »

Dès la fin de l'année 1842, sa santé lui permettait

de reprendre le cours de ses studieuses pérégrinations ; il visitait la Saxe et le champ de bataille de Leipsick avec le général de Foissac-Latour. C'était le prélude d'un voyage bien plus important encore. Depuis longtemps, le Prince tournait sa pensée vers cette Angleterre dont les manufactures, le commerce et l'industrie excitaient la curiosité de son esprit, avide de tout ce qui pouvait offrir un aliment à sa soif de recherches. Son but principal était d'étudier par lui-même les divers moyens qui pourraient le mieux concourir à adoucir le sort des classes ouvrières et laborieuses, car, après son aïeul Henri IV, personne ne s'est plus préoccupé de la position de l'humble habitant des villes et des campagnes que Henri de France.

Après un court séjour en Prusse, notamment à Berlin, M. le Comte de Chambord s'embarqua à Hambourg. Le 6 octobre, il prenait terre à Hull, en Écosse, et, après avoir revu le château d'Holy-Rood et tous les lieux où il avait passé son enfance, se dirigeait vers Londres. Chemin faisant, il visitait avec le plus grand soin les mines de houille, les fabriques de verres, de glaces, de draps, de boutons, d'acier, de produits chimiques, les filatures de lin, les ateliers de coutellerie, les forges, les docks, les hôpitaux, les musées, les bibliothèques; rien, en un mot, n'échappait à la pénétration de son esprit.

Partout, sur son passage, il recevait de vives marques de sympathie de la noblesse et du peuple anglais. Les plus grands seigneurs se disputaient l'honneur de le recevoir dans leurs somptueuses demeures. Mentionnons, entre autres, le magnifique accueil que lui firent lord Shrewsbury, le descendant des Talbot, dans sa résidence d'Alton-Towers, le duc de Northumberland à Alnwick-Castle et le duc de Beaufort à Badmington.

Tous ces honneurs avaient peu de prise sur son âme; sa plus douce jouissance était de dérober aux plaisirs un temps qu'il ne voulait consacrer qu'à l'étude et à ses compatriotes. Il avait cru que quelques fidèles seuls passeraient le détroit et qu'il n'aurait qu'à se délasser dans leur commerce des laborieuses fatigues de la journée; il se trompait. Plus de deux mille Français, Châteaubriand à leur tête, vinrent le trouver dans son hôtel de Belgrave-Square. Le lendemain de son arrivée à Londres, cent vingt voyageurs se pressaient dans ses salons. Le 29 novembre, il y eut une de ces scènes qui laissent dans l'âme de ceux qui en sont les témoins un souvenir ineffaçable. Tous les Français s'étaient réunis chez le vicomte de Châteaubriand et avaient chargé le duc de Fitz-James d'être l'organe de leurs sympathies auprès de l'illustre écrivain. Tout à coup la porte s'ouvre et un jeune homme paraît : c'est Henri de France : « J'ai appris, Messieurs, leur dit-il, que vous étiez réunis chez M. de Châteaubriand et j'ai voulu venir vous rendre votre visite. Je suis si heureux de me trouver au milieu des Français ! J'aime la France parce que c'est ma patrie, et je ne pense au trône de mes pères que pour la servir, avec les sentiments et les principes que M. de Châteaubriand a si glorieusement proclamés, et qui ont dans le pays tant de bons défenseurs. » De vives acclamations répondirent à ces paroles sorties du cœur, qui donnaient de si douces espérances pour l'avenir. Le Prince, vivement ému, s'écria : « Et moi, Messieurs, je crie : Vive la France ! »

Les salons de Belgrave-Square ne désemplissaient pas de visiteurs. Parmi eux se trouvaient des ouvriers et des commerçants, car alors nombre d'hommes portaient haut le culte de la fidélité. Il y eut dans la chaumière de ces dévouements qu'on ne saurait trop apprécier au milieu d'un siècle égoïste. Une pauvre veuve bretonne vivait avec son fils d'un modeste héritage qui suffisait à peine au soutien de leur vie. Le jeune homme entendit parler du Prince et se mit pour la première fois à regretter sa pauvreté, en voyant partir ceux de ses compatriotes qui, plus heureux que lui, pouvaient aller à Londres. La mère vit son chagrin et en devina la cause. Elle engagea son humble avoir et trouva ainsi la somme nécessaire pour faire le voyage. « Pars, mon enfant, dit-elle à son fils, dans quelques années, en nous privant de quelques douceurs, nous aurons payé notre dette et, toi, tu auras vu Henri de France et, à ton retour, tu m'auras dit tout ton bonheur pour m'en donner un peu. »

Pénétrez avec nous dans les salons de Belgrave-Square ; d'abord point de gardes, ni d'étiquette, entrez sans crainte. Vous êtes dans une grande salle où sont réunis tous les visiteurs, vous causez avec tous ; on ne vous demande pas vos titres de noblesse, vous êtes Français, cela suffit. Les groupes se forment nombreux, animés ; l'un parle de l'accueil touchant que lui a fait le Prince ; l'autre des espérances qu'il donne pour l'avenir. Tout à coup la porte du salon s'ouvre ; silence : le voilà. Toutes les têtes se découvrent et vous voyez s'avancer un jeune homme si beau, le front tellement rayonnant du sceau de la prédestination que vous ne pouvez vous empêcher de dire : « C'est bien le petit-fils de saint

Louis. » Telle est, en effet, l'espèce de fascination qu'il exerce sur tous ceux qui l'entourent qu'on ne peut y résister. Interrogez le moindre visiteur de Belgrave-Square ; pour tous, il a une parole aimable et un sourire bienveillant. « Quand je l'ai quitté, il m'a témoigné toute la bonté qu'un fils d'une si noble race puisse avoir, » disait un brave marchand tailleur de Toulouse, et il ajoutait : « Vraiment, je suis enchanté de lui. »

Quatre artisans vinrent de Paris en députation. Le Prince les accueillit avec tant de cordialité que ces braves gens en furent touchés jusqu'aux larmes. Combien d'autres, n'ayant pas les moyens d'aller à Londres, avaient voulu exprimer, dans une adresse remplie de plusieurs milliers de signatures, leurs sentiments respectueux pour l'héritier de nos Rois. Oh ! alors, comme il aurait voulu voir tous ces nobles cœurs et converser avec chacun d'eux. « Il nous a parlé comme un ami, mais, en l'écoutant, nous sentions bien qu'il était quelque chose de plus, » disaient les nombreux ouvriers qui avaient eu le bonheur de le voir.

Peu importaient pour être admis devant lui les différences d'opinions ; aux yeux de M. le Comte de Chambord, il n'y avait que des Français. Un sculpteur célèbre, M. Flatters, qui se trouvait à Londres, au moment de son séjour, n'osait se présenter devant lui, parce qu'il s'était battu aux barricades de 1830 ; une personne, l'apercevant dans la foule qui se pressait autour du Prince, lorsqu'il sortait, lui témoigna son étonnement de ne l'avoir vu à aucune réception. « Je n'ai pas osé, répond l'artiste, je suis décoré de juillet. » Monseigneur, ayant eu connaissance de cette réponse, déclara qu'il voulait le voir : « Dites bien à M. Flatters que le Duc de Bordeaux était trop jeune en 1830 pour avoir aucun souvenir de ce qui s'est fait à cette époque. »

Toujours occupé du bien de son pays, il écoutait avec attention les hommes de toutes les classes et de tous les partis : « Je veux entendre tous les Français, je veux connaître la pensée de tous; la vérité est à ce prix. » Il disait à un autre : « Si la Providence me fait asseoir sur le trône de mes pères, je ne voudrais être, ni le Roi d'une classe, ni le Roi d'un parti, je voudrais être le Roi de tous. » A ceux qui lui parlaient de leur dévouement, il répondait : « Le seul moyen de me prouver votre affection, c'est de servir la France. » Il développait par ces paroles ce qu'il avait déjà dit à Rome : « Tout pour la France et par la France. »

L'effet du voyage de Londres fut immense. C'était un fier démenti donné aux adversaires politiques du Prince qui le représentaient comme entiché d'idées absolutistes; quel ne fut pas leur étonnement de l'entendre proclamer la consécration des libertés nationales et de voir l'auteur du *Génie du Christianisme* saluer, dans le jeune rejeton de Robert le Fort, le nouvel univers qui apparaissait à la France.

Tous ceux qui purent l'approcher purent répéter avec Châteaubriand : « Ce jeune Prince me confond et me charme ; il devine ce que je vais lui dire : il a les idées que je veux lui suggérer ; il est animé des sentiments que j'aurais pu lui inculquer. Je vais d'étonnement en étonnement, en découvrant qu'il sait ce que j'étais venu lui apprendre et qu'il veut tout ce qu'il doit vouloir. »

Le gouvernement de juillet fit une grave faute en attribuant une portée politique plus grande encore à ce voyage, en *flétrissant* tous les visiteurs de Belgrave-Square. Les cinq députés flétris, moralement exclus de la chambre, donnèrent leur démission et malgré les efforts des ministres furent tous réélus.

V. — MARIAGE DE HENRI V.

Maladie et mort du duc d'Angoulême; Henri V, Chef de la Maison de Bourbon. Départ de Goritz. Frohsdorf; un républicain et un journaliste français chez Henri V. Témoignage de Châteaubriand. Mariage de sa sœur. Son mariage. Sa charité; sa bienfaisance; les ateliers de Chambord. (1844-1848.)

Cependant M. le Comte de Chambord avait été obligé de quitter l'Angleterre (janvier 1844), rappelé à Goritz par la santé chancelante de son oncle, le comte de Marnes. L'arrivée du jeune Prince et les succès, qu'il avait obtenus à Belgrave-Square, semblèrent ranimer l'auguste malade. Vain espoir, le 21 février, on était obligé de lui administrer les derniers sacrements. Le ciel toutefois voulut prolonger son agonie comme pour offrir au monde le spectacle d'une mort chrétienne et royale. Le duc d'Angoulême s'éteignit doucement le 3 juin 1840; la mort surprit sur ses lèvres une dernière prière pour son pays. Comme pour Charles X, le peuple de Goritz se porta en foule à ses funérailles : « c'est plus qu'un Roi, disait-il, c'est un saint. » Il fut enterré auprès de son père, il y avait une place vide, elle était réservée à la fille de Louis XVI.

A la mort de son oncle, M. le Comte de Chambord avait adressé aux cours de l'Europe la notification suivante : « Devenu, par la mort de M. le comte de Marnes, Chef de la Maison de Bourbon, je regarde comme un devoir de protester contre le changement qui a été introduit dans l'ordre légitime de succession à la couronne et de déclarer que je ne renoncerai jamais au droit que, d'après les anciennes lois françaises, je tiens de ma naissance. — Ces droits sont liés à de grands devoirs qu'avec la grâce de Dieu je saurai remplir; toutefois, je ne veux les exercer que lorsque, dans ma conviction, la Providence m'appellera à être véritablement utile à la France. — Jusqu'à cette époque, mon intention est de ne prendre, dans l'exil où je suis forcé de vivre, que le nom de Comte de Chambord; c'est celui que j'ai adopté en sortant de France; je désire le conserver dans mes relations avec les cours. »

Trop de souvenirs déchirants s'attachaient à Goritz pour que les illustres Exilés y séjournassent plus longtemps; ils le quittèrent pour aller s'établir à Frohsdorf (mai 1845). Goritz se souviendra longtemps de ses hôtes et de leur bienfaisance; aussi que de larmes, que de regrets accompagnèrent la Famille des Bourbons le jour du départ ! il semblait que le bonheur s'éloignait sans retour de cette ville pour aller habiter d'autres contrées.

Frohsdorf est à quinze lieues de Vienne, avec laquelle il communique par le chemin de fer de Neustadt. Rien de plus simple que le château, ce n'est rien moins qu'un palais, c'est plutôt une modeste maison de campagne encadrée dans un bouquet de verdure. Frohsdorf est une oasis française au milieu de la terre étrangère. Interrogez tous les visiteurs du Prince et vous serez forcé de le reconnaître avec eux. Entrez, car la porte est ouverte à doubles battants et il n'y a point de gardes pour vous dérober l'approche du Roi. Vous êtes reçu avec affabilité par un de ces fidèles serviteurs, qui sont les courtisans de l'exil. On vous introduit dans un salon d'un goût très-simple, la porte se referme sur vous, vous êtes en présence du petit-fils de Henri IV, qui vous accueille avec la plus grande bonté et vous écoute avec la plus vive attention. Épanchez votre cœur sans crainte, votre Roi lui-même vous y invite. Il s'informe de tout ce qui peut vous toucher et provoque vos observations. Enfin la main de l'héritier de nos soixante monarques serre la vôtre et, avec un accent inexprimable, il prononce ces paroles, qui vous remplissent les yeux de larmes : « A revoir en France ! »

Écoutons plutôt un républicain, Charles Didier, venu à Frohsdorf dans un simple but de curiosité : « J'allai droit au but et voici textuellement, autant que ma mémoire me la rappelle, la première phrase sérieuse que j'adressai : « Monseigneur, lui dis-je, j'ignore, et Dieu seul peut savoir quelles destinées vous sont réservées dans l'avenir ; mais si vous avez une chance de régner quelque jour en France, ce que, pour mon compte, je ne désire pas, cette chance la voici : Que, par impossible, la France, épuisée par ses expériences, à bout de ressources, ne trouve pas dans le pouvoir électif la stabilité qu'elle poursuit; que le découragement, les mécomptes, retournent à jamais ses pensées vers le principe héréditaire, comme base plus fixe de l'autorité, vous représentez ce principe, et, dans ce cas, c'est la France, elle-même, qui viendrait vous chercher. Jusque-là, je ne vois pour vous qu'une chose à faire : attendre les événements. » Monsieur le Duc de Bordeaux m'avait écouté avec attention ; à mesure que je parlais, sa physionomie se détendait visiblement : la glace du début était brisée. Il me répondit sans hésitation que je venais de traduire sa pensée ;

qu'il n'entreprendrait jamais rien contre les pouvoirs établis, ne voulait prendre aucune initiative et n'avait aucune ambition personnelle; qu'il se considérait en effet comme le principe de l'ordre et de la stabilité ; qu'il entendait maintenir ce principe intact, ne fût-ce que pour le repos futur de la France ; que ce principe était toute sa force, qu'il n'en avait pas d'autre ; qu'il en aurait toujours assez pour remplir son devoir quel qu'il fût, et que Dieu lui viendrait en aide. « Si je rentre jamais en France, ajouta-t-il, ce ne sera que pour y faire de la conciliation et je crois que moi seul en peux faire. » Ch. Didier dit plus loin toujours en parlant du Prince : « Tout en lui décèle une grande droiture de cœur et d'esprit, un vif sentiment du devoir et de la justice, uni à l'amour du bien...... Son œil d'un bleu limpide et à la fois vif et doux, écoute bien, interroge beaucoup ; il regarde si droit et si fixe que je considère comme impossible de lui mentir en face. Quant à lui, il suffit de le voir pour demeurer convaincu de sa véracité. »

Ainsi les ennemis même de M. le Comte de Chambord ne pouvaient s'empêcher de rendre justice à ses éminentes qualités. Le même écrivain, que nous avons cité, nous le montre ouvert à toutes les questions du jour et aux théories industrielles. On pourrait croire que, vivant loin de la France, il n'en connût ni les besoins, ni la situation. Erreur, nul ne possède plus à fond l'esprit et les intérêts de son pays; tous les visiteurs de Frohsdorf sont unanimes sur ce point. Laissons ici parler M. Albert Wolff, un des rédacteurs du *Figaro* : « A Frohsdorf comme partout ailleurs, on parle beaucoup de Paris et de la province, un peu de l'opéra et de la chasse, par-ci, par-là des journaux — c'est une attention de M. le Comte de Chambord pour les journalistes présents ; — la conversation fait les soubresauts ordinaires de l'opéra de Vienne au boulevard ; et le visiteur, qui a pensé un instant qu'on pourrait lui parler de 1829, est agréablement surpris en entendant M. le Comte de Chambord parler comme s'il avait quitté les Champs-Élysées avant-hier. C'est un vrai Parisien, aussi bien au courant de la vie parisienne que vous et moi; les revues, les journaux et les visiteurs, qui affluent au château apportent la chronique imprimée et la chronique parlée. »

Cet amour si vif, que conserva toujours le petit-fils de saint Louis pour la France, redoublait sa générosité envers les malheureux. Que d'infortunes n'a-t-il pas soulagées dont on ne saura jamais le nombre : c'était bien de lui que l'on pouvait dire, selon le mot de l'Évangile, que la main gauche ignorait ce qu'avait donné la droite. Apprend-il que des inondations ont causé de grands ravages dans son pays? il s'empresse d'envoyer six mille francs et provoque la générosité de ses amis. Le département de Loir-et-Cher est dévasté par de violents orages, il fait un don de trois mille francs ; à la nouvelle du terrible tremblement de terre de la Guadeloupe, il en envoie cinq mille aux victimes du désastre.

Au milieu de l'année 1846, accompagné du général Tulon, un vétéran de la grande armée, il examinait les champs de bataille de Castiglione, de Rivoli et d'Arcole, parcourait la Haute-Italie et s'arrêtait à Venise. Il y fut rejoint par Châteaubriand; c'était l'adieu suprême avant la tombe; la vue de son Roi qu'il avait visité à Belgrave-Square l'impressionna tellement qu'il s'écria : « Quel Prince et quel homme!

Il est trop capable pour rester en chemin...... Dieu semble l'avoir taillé pour la Royauté, mais il est bien décidé à ne jamais devenir une difficulté de plus pour sa patrie; il a l'héroïsme de la patience. »

Une journée de bonheur allait luire pour les Exilés. Le 10 novembre 1845, Louise de France épousait le prince héréditaire de Lucques ; douze mille francs envoyés aux pauvres de Paris leur apprirent à bénir la fille des Rois. Quelques nuages de tristesse voilèrent l'éclat de cette fête. M. le Comte de Chambord se séparait de sa sœur. Louise, toujours inquiète du sort de son frère, pensait, elle aussi, à ces années qu'il avait passées en exil et à l'avenir sombre et menaçant qui lui était réservé. Touchante amitié qui s'était fortifiée sur la terre étrangère et qui avait grandi par le malheur!

Un an après, Monseigneur unissait sa destinée au sang de Marie-Thérèse. Le 16 novembre 1846, eut lieu à Bruck, petite ville à une demi-journée de Frohsdorf, le mariage de l'héritier des Bourbons avec Marie-Béatrix Gaëtane d'Este. Un bienfait apprit cet événement à la France. « Monsieur le marquis de Pastoret, je désire qu'à l'occasion de mon mariage, les pauvres aient part à la joie que m'inspire cette nouvelle preuve de la protection du ciel sur ma famille et sur moi et il me paraît que ceux de Paris ont un droit particulier à mon intérêt, car je n'oublie pas que c'est dans cette ville que je suis né et que j'ai passé les premières années de ma vie. Je m'empresse, en conséquence, de vous annoncer que je mets à votre disposition une somme de vingt mille francs que je vous charge de distribuer. Je n'ai qu'un regret, c'est de ne pouvoir pas donner davantage. Quand je pense surtout à la misère qui règne en ce moment et dont l'hiver qui s'approche ne peut qu'augmenter encore les rigueurs, je voudrais avoir des trésors à répandre pour soulager tant de souffrances. Je suis sûr que mes amis sentiront comme moi la nécessité de s'imposer de nouveaux sacrifices et de rendre leurs aumônes plus abondantes que jamais. Ils ne peuvent rien faire qui me soit plus agréable. »

Ces paroles du royal Banni excitèrent la générosité des légitimistes qui soulagèrent plus d'une famille pauvre. En même temps, Mme la Comtesse de Chambord envoyait 10,000 francs et une seconde lettre du petit-fils de saint Louis annonçait d'autres secours.

A cette lettre était joint un don de 40,000 francs ; c'était une noble manière d'envoyer à la France un billet de faire part du bonheur d'un de ses enfants.

Ce n'était pas trop de toute la générosité du Fils de France et de ses amis, pour soulager toutes les misères qui se faisaient jour alors à l'approche de la révolution de février. Tantôt c'étaient des inondations, qui ravageaient plusieurs départements, tantôt un hiver d'une rigueur extraordinaire, tantôt la disette amenée par une sécheresse excessive. Le zèle du Prince se multiplia. Chambord, par ses ordres, devint le rendez-vous des malheureux ; de vastes ateliers furent organisés dans les bois qui en dépendent. Quant aux femmes, aux vieillards et aux enfants incapables de travailler, une somme, dont l'envoi se renouvelait chaque semaine, pourvoyait à leurs plus pressants besoins. La charité inépuisable du Proscrit s'étendit également sur les cantons de la Haute-Marne. Les fonctionnaires publics ne purent s'empêcher d'en témoigner leur gratitude.

VI. — HENRI V A EMS ET WIESBADEN.

Révolution de 1848. Henri V à Ems; la paire de pistolets; le fuchsia. Les ouvriers à Henri V; il converse avec eux; son émotion. Sa lettre aux ouvriers. Voyage de Wiesbaden; le tapis; nouvelle députation des ouvriers; leur témoignage; *c'est le cœur que je regarde; Vive le Roi!* M. de Salvandy. Henri V prend le deuil à la mort de Louis-Philippe. Son retour à Frohsdorf. (1848-1850.)

L'horizon s'assombrissait en France et toute l'Europe regardait de ce côté, dans l'attente d'un terrible événement. La foudre éclata, pulvérisant le trône de juillet. Trois journées d'insurrection, comme en 1830, et, de plus, une régence offerte et refusée, une abdication, une fuite! O Providence, ce sont là de tes coups!

M. le Comte de Chambord, quoique relégué dans l'exil par l'avénement de Louis-Philippe, ne put voir d'un œil sec toute cette famille tomber à l'improviste du faîte des grandeurs et être condamnée à vivre sur le sol étranger. Il compatit aux tortures morales de Marie-Amélie, de la duchesse d'Orléans et à l'infortune de ses enfants, innocents des fautes de leur aïeul, emportés par l'ouragan révolutionnaire.

Quelques mois plus tard, le socialisme enfantait les sanglantes journées de juin, où périrent, pour la défense de l'ordre, des amis de la légitimité, tandis que le désordre et l'anarchie, créés par l'incurie républicaine, laissaient la France en proie aux dissensions des partis. Que de malheurs, que de ruines, le Prince ne déplorait-il pas! Et pour comble, le pèlerin de l'exil, Châteaubriand mourait. Celui dont la voix courageuse disait à la duchesse de Berry, en parlant du Duc de Bordeaux : « *Madame, votre Fils est mon Roi,* » n'était plus, il reposait sur les rochers de Saint-Malo, à la garde de l'Océan.

Le petit-fils de Henri IV sentit que le moment était venu de se rapprocher de la France. Il importait, au milieu des dissensions des partis, de tracer aux royalistes une ligne de conduite politique. Le 18 août 1849, il était à Ems; de nombreux visiteurs l'y attendaient. Ems paraissait une ville toute française transplantée du sol natal en terre germanique, tant était grand le nombre des arrivants.

Ce qui le toucha le plus, ce fut la démarche des délégués des ouvriers de Paris, qui n'avaient point reculé devant un voyage si coûteux.

Un homme dévoué à la cause de l'honneur, M. Jeanne, avait depuis longtemps résolu de donner un démenti formel aux calomnies qu'on ne cessait de prodiguer sur le compte de l'héritier de nos Rois. Il entreprit d'ouvrir une souscription pour offrir à M. le Comte de Chambord une magnifique paire de pistolets. Malgré des obstacles sans nombre, il réalisa son projet et vint lui-même en faire hommage au Prince, à la tête d'une députation d'ouvriers. Avant de quitter Paris, il eut une de ces inspirations délicates, qui sont sans prix aux yeux du fils de saint Louis. Il se rendit aux Tuileries et là, grâce à l'inattention des gardiens, il enleva un beau fuchsia couvert de fleurs, avec la terre qui l'entourait, et le déposa dans une caisse, en prenant toutes les précautions imaginables pour lui conserver sa fraîcheur et sa beauté. Mais au départ, nouvelle difficulté : on ne veut pas recevoir la plante. « On ne peut, disent les employés du chemin de fer, introduire dans un wagon de voyageurs une caisse aussi volumineuse »; les ouvriers déclarent nettement qu'ils ne se sépareront pas de leur fuchsia, qu'on les mettra plutôt aux bagages avec lui et enfin emportent victorieusement la fleur dans leur compartiment. Que de soins ne prit-on pas, pour qu'elle parvînt à Ems dans tout son éclat! Non content de l'arroser fréquemment, on la tenait tout le jour sur ses genoux comme un trésor dont on est avare; elle arriva aussi fraîche, aussi belle que si elle n'avait jamais quitté sa plate-bande.

S. A. R. fut touchée jusqu'aux larmes d'une telle marque d'affection. Mme la Comtesse de Chambord, dont l'âme est si française, ne put cacher sa satisfaction, fit passer la fleur de sa chambre sur la table du dîner et, de là au salon, afin que tous pussent jouir de son bonheur et voir le prix qu'elle y attachait.

La fameuse paire de pistolets attira l'attention de Monseigneur surtout, lorsque, jetant les yeux sur l'album où étaient réunies les listes de souscription, il y lut ces mots : *Les ouvriers au Comte de Chambord.* — « Des ouvriers de tous les états prient M. le Comte de Chambord de vouloir bien accepter un témoignage de leur respect, de leur dévouement, de leur reconnaissance pour tant de bienfaits répandus sur des misères françaises, du sein de son exil. Au Prince dont Paris fut le berceau, ils offrent un tribut de cette industrie parisienne, si noblement protégée par la royauté légitime et si cruellement frappée par les révolutions. Que M. le Comte de Chambord daigne jeter les yeux sur ces listes de souscripteurs; il jugera si le grand principe de la légitimité est le privilége exclusif d'une caste comme voudraient le faire croire des hommes intéressés à égarer l'opinion, il verra que dans bien des mansardes de nos cités, comme dans bien des chaumières de nos campagnes, son nom est la consolation du présent, l'espérance de l'avenir. — Ces ouvriers que n'ont pu séduire des théories menteuses et que n'a pu tromper la calomnie, savent tout ce qu'il y a de haute intelligence, de véritable amour du peuple chez le digne petit-fils de saint Louis et de Henri IV. Ils savent qu'avec lui seul le travail doit renaître, la France doit retrouver la paix solide, la splendeur, la prospérité, ils désireraient du fond du cœur porter eux-mêmes leur offrande à M. le Comte de Chambord ; mais ils n'ont pas les moyens d'aller à lui, puisse-t-il bientôt venir à eux ! » « Qu'il me serait doux, s'écria le Prince, de contribuer au bien-être de si braves gens et de leur prouver ma reconnaissance ! »

Pendant tout le séjour des ouvriers à Ems, il leur témoigna le plus vif intérêt. Il aimait à s'entretenir souvent avec eux. « Me voici en France, » s'écriait-il et il les écoutait avec la plus grande attention. « Quand le bâtiment ne va pas, disait M. Oudin, maître maçon, rien ne va, car c'est signe qu'il n'y a pas de confiance, et tous les états souffrent à la fois. C'est pourquoi nous désirons tant, nous autres, que les affaires reprennent. » — « Je le souhaite aussi bien vivement, répondit son royal interlocuteur, et je voudrais que cela dépendît de moi. » — « Si j'ai bonne mémoire, reprit M. Oudin, ça allait bien sous vos parents et je suis sûr que ça irait au moins aussi bien à votre retour. Croyez donc que, si on vous demande, ce n'est pas seulement pour vous ; mais pour nous ! » Le Prince lui répondit par un affectueux serrement de main.

Lorsque ces braves gens se furent retirés, M. le Comte de Chambord, resté seul avec M. de

La Rochejacquelein, s'écria : « Je me suis contenu tant qu'ils étaient là ; mais maintenant, je ne puis y tenir, » et son âme se peignait tout entière dans ses yeux humides de larmes. Quelques instants après M. de La Rochejacquelein rencontre les délégués des ouvriers. « Il faut que je vous rende, leur dit-il, les embrassements que j'ai reçus pour vous. »

A leur départ, le petit-fils de saint Louis leur donna un nouveau témoignage de sa satisfaction, en leur adressant la lettre suivante : « C'est avec l'émotion la plus vive que j'ai reçu l'hommage, qui m'a été offert par des ouvriers de tous les états de la ville de Paris. J'ai été profondément touché de voir leurs délégués venir me voir sur la terre étrangère et je les charge d'être auprès de tous leurs camarades les interprètes de ma gratitude et de mon affection. Apprendre que mon nom est prononcé avec sympathie dans mon pays, dans ma ville natale, c'est la plus douce consolation que je puisse recevoir dans mon exil. — En parcourant les listes nombreuses qui m'ont été apportées, j'ai été heureux et fier de compter tant d'amis dans les classes laborieuses. Étudiant sans cesse les moyens de leur être utile, je connais leurs besoins, leurs souffrances, et mon regret le plus grand est que mon éloignement de la patrie me prive du bonheur de leur venir en aide et d'améliorer leur sort. Mais un jour viendra où il me sera donné de servir la France et de mériter son amour et sa confiance. »

Ces mêmes scènes se renouvelèrent à Wiesbaden, lors du séjour du Prince en août 1850. La ville fut bientôt encombrée de visiteurs ; nobles, commerçants, ouvriers se coudoyaient dans les salons.

On y voyait entre autres trente-cinq représentants du peuple.

La réception du 12 août fut une des plus nombreuses. En entrant dans la salle d'honneur, les yeux des assistants se fixaient sur un magnifique tapis. C'était l'hommage d'un noble cœur breton, M. Lemoine. « Je connais, lui dit S. A. R., les sentiments d'attachement et de dévouement qu'a pour moi votre bonne famille. Je ne puis oublier de semblables amis. Remerciez pour moi votre bon père. » Le duc de Levis veut faire remarquer à Monseigneur la richesse de l'exécution et le fini du travail. « Oh! dit en souriant l'héritier de nos Rois, vous arrivez trop tard... J'ai fort bien vu toutes ces beautés. » Et montrant l'écusson de Modène, il ajoute en s'adressant à M. Lemoine, « mon ami, vous avez songé à la Comtesse de Chambord, et je vous remercie de votre bonne pensée. »

A Wiesbaden, comme à Ems, une députation d'ouvriers vint voir le Prince. Dire l'accueil qui leur fut ménagé est impossible. Laissons-les parler eux-mêmes : « Une heure après notre arrivée à Wiesbaden, nous étions chez M. le Comte de Chambord. Nous n'étions plus bruyants, comme pendant notre voyage; l'attente nous rendait silencieux; chacun de nous sentait son cœur battre comme à la veille d'un grand événement. On nous fit monter dans un salon au premier; nous nous rangeâmes autour de cette vaste pièce. A peine avions-nous pris place que le Prince entra. Ce fut un beau moment. Quelle figure! quels yeux! mais surtout quelle bonté! Il vint rapidement se placer au milieu de la salle. « Soyez les bienvenus, mes amis, nous dit-il; approchez bien près de moi. » Nous nous approchâmes, mais le respect nous tenait à quelque distance encore. « Plus près, s'écria-t-il, plus près encore, je veux me sentir serré par des Français. » Nous l'entourâmes cette fois de si près, que nous ne lui laissions que la place de son corps. Ses mains vigoureuses serraient nos mains, ses yeux pleins de tendresse étaient attachés sur nous ; il nous remerciait d'être venus de si loin. Nous ne pouvions parler, les larmes nous suffoquaient. »

Un de ces ouvriers s'obstinait à se cacher derrière les autres ; Henri de France s'en aperçoit, va droit à lui et lui demande pourquoi il se tient à l'écart. « Monseigneur, dit l'artisan, veuillez m'excuser, j'ai perdu ma malle au chemin de fer ; je ne suis pas mis décemment pour me présenter devant vous ; mais, ne pouvant résister au bonheur de vous voir, je suis venu, espérant me dérober à votre attention... — Ah ! mon ami, venez donc ! dit le Prince en lui tendant la main, que me fait votre habit ? C'est le cœur que je regarde. »

Un des épisodes les plus intéressants du voyage de Wiesbaden fut l'arrivée des ouvriers et paysans bretons dont la fidélité avait fait les plus grands sacrifices pour saluer leur Roi. Quand ils entrèrent dans la ville, un officier de la maison de M. le Comte de Chambord crut devoir leur recommander, au nom de l'hospitalité généreuse du duc de Nassau, de ne se livrer à aucune manifestation et surtout d'éviter les cris de *Vive le Roi !* A peine avait-il fini de parler qu'un immense cri de *Vive le Roi !* saluait ses conseils. On leur reprocha en riant cette désobéissance : « Pardonnez, dirent-ils, notre faute a été involontaire ; il y a si longtemps que ce cri est comprimé dans nos cœurs qu'il avait besoin de sortir de nos poitrines; il nous étouffait. » Admis en présence du Prince, l'un d'eux lui dit avec une rudesse toute morbihannaise : « Monseigneur, on n'est pas content de vous au pays. — Pourquoi ? demande avec étonnement S. A. R. — Pourquoi ! parce que vous devriez être en France. » — « Savez-vous, Monseigneur, lui disait un autre en s'inclinant, que pour ne pas crier : *Vive le Roi !* quand on vous voit, il faut être bien obéissant. »

M. de Salvandy attira surtout les regards. La présence de cet ancien ministre de Louis-Philippe à Wiesbaden semblait indiquer comme définitif le rapprochement entre les deux branches de la Maison de Bourbon. Le fils de nos Rois lui réserva un accueil si flatteur que cet ancien serviteur du gouvernement de juillet ne put s'empêcher de dire : « Quand on a vu le Prince, quand on l'a entendu développer les nobles idées qui l'animent, on ne peut qu'être plein de confiance dans l'avenir. »

Le 29 août, arriva la nouvelle de la mort de Louis-Philippe. M. le Comte de Chambord commanda immédiatement un service funèbre auquel assistèrent tous les Français présents à Wiesbaden. On était ému de le voir prier pour celui qui lui avait enlevé le trône de ses pères, pardonner au vieillard qui lui aussi mourait sur la terre d'exil.

Le surlendemain, le Chef de la Maison de Bourbon rentrait dans la solitude de Frohsdorf. Il devait y voir se dérouler devant lui la longue succession d'actes émanés d'une politique anti-française qui devait crouler dans des flots de sang.

VII. — HENRI V DEPUIS L'EMPIRE.

Protestation contre l'empire. Henri V en Orient; voyages divers. Réconciliation et rupture des princes d'Orléans. Tracasseries impériales, lettre de 1866. Ses opinions sur la politique napoléonienne. Il suit les événements. Mort de la duchesse d'Angoulême, du duc et de la duchesse de Parme, de la duchesse de Berry. Événements de 1870; *Mon Dieu, sauvez la France*. Bombardement de Paris, protestation de Henri V. Lettre du 6 mai. Henri V à Bruges et à Chambord. Manifeste de Chambord. (1851-1871.)

Monseigneur avait prévu l'empire; à la veille de son rétablissement, il adressait à la France une noble protestation que les événements n'ont que trop vérifiée. « Français, y était-il dit, vous voulez la Monarchie; vous avez reconnu qu'elle seule peut vous rendre, sous un gouvernement régulier et stable, cette sécurité de tous les droits, cette garantie de tous les intérêts, cet accord permanent d'une autorité forte et d'une sage liberté qui fondent et assurent le bonheur des nations; ne vous livrez pas à des illusions qui, tôt ou tard, vous seraient fatales. Ce nouvel empire qu'on vous propose ne saurait être cette Monarchie tempérée et durable dont vous attendez tous ces biens.... La Monarchie véritable, la Monarchie traditionnelle, appuyée sur le droit héréditaire, et consacrée par le temps, peut seule vous remettre en possession de ces précieux avantages.... Le génie et la gloire de Napoléon n'ont pu suffire à fonder rien de stable, son nom et son souvenir y suffiraient moins encore. »

Les dix-huit années, qui s'écoulèrent de 1852 à 1870, ne furent marquées dans l'exil que par des événements peu importants. Nous voyons M. le

Comte de Chambord profiter de son inaction forcée pour voyager et surtout pour étudier la marche des événements.

En 1861, il parcourut la Turquie, la Palestine, la Syrie et la Haute-Égypte. Beau et noble spectacle que le petit-fils des croisés foulant le sol illustré par la vaillante épée de Philippe-Auguste et de saint Louis! Nous ne doutons pas qu'aux pieds du tombeau du Christ, il se soit fortifié dans ces sentiments d'une politique chrétienne qui semble une inspiration divine.

Il y avait surtout une contrée qui devait plaire au noble Exilé de Frohsdorf, nous voulons parler de la Grèce. On sait que c'est à la Royauté légitime que la patrie de Thémistocle est redevable du bienfait de sa liberté et, proclamons-le bien haut, la reconnaissance est la première vertu des descendants de Léonidas et de Miltiade. Que d'acclamations, que de joyeux vivats quand le petit-fils de Charles X y vient en 1868! Les vieux soldats de la guerre d'indépendance s'empressaient de faire le cortége d'honneur au descendant du Roi qui rendit la Grèce libre et ouvrit à l'Orient un nouvel avenir.

M. le Comte de Chambord ne put résister à l'attrait qui l'entraînait toujours vers la France. Nous le voyons en 1858 à Francfort et à Cologne, en 1862 à Zurich et à Lucerne et plus tard à Genève, recevant les quelques serviteurs dont la fidélité avait survécu au temps. Qu'on ne croie pas pourtant que la fidélité n'eût plus aucun prestige; grâce à Dieu, il y eut de ces dévouements qu'on ne saurait trop louer, d'autant qu'ils sont de plus en plus rares. Un pauvre laboureur du midi avait depuis longtemps formé le désir de voir Henri de France. Déjà il avait mis de côté bon nombre de pièces d'argent, lorsqu'il tomba malade. Sur le point de mourir, il appelle sa fille et pour tout testament lui fait promettre d'aller trouver le Prince et de lui raconter le dévouement de son père. Voilà donc la jeune femme à l'œuvre, économisant quelques pièces blanches par ses veilles prolongées; les années se passent, elle se marie et fait si bien qu'elle et son époux peuvent se rendre à Lucerne visiter le petit-fils de saint Louis qui eut peine à cacher son émotion en voyant que sous le chaume son nom était prononcé avec tant d'amour.

Depuis longtemps, le Chef de la maison de Bourbon avait fait appel aux idées de conciliation et avait indiqué l'union des partis sur le terrain monarchique comme gage de l'avenir. Cet espoir sembla se réaliser. Louis-Philippe, à son lit de mort, avait engagé ses enfants à se réconcilier avec le principe de légitimité. Les princes d'Orléans suivirent les conseils de leur père. Dans l'automne de 1853, M. le duc de Nemours se rendit à Frohsdorf et, en abordant son cousin, fit cette solennelle déclaration : qu'il venait en son nom et au nom de ses frères, assurer à M. le Comte de Chambord qu'ils ne reconnaissaient qu'une seule monarchie, représentée par un seul trône royal, celui de l'aîné de leur race.

Malheureusement, quelques années plus tard, les princes crurent devoir revenir sur leur détermination. M. le duc de Nemours fut chargé par eux d'insister auprès de M. le Comte de Chambord pour qu'il se déclarât en faveur du drapeau tricolore, du gouvernement constitutionnel et du concours exclusif de la France pour le rétablissement de la monarchie. Monseigneur était à Venise; voici comme il répondit à ces ouvertures, le 5 février 1857 : « Mon cher cousin,... je n'ai pas douté de votre dévouement aux principes monarchiques ; personne ne peut mettre en question mon attachement à la France, mon respect de sa gloire, mon désir de sa grandeur et de sa liberté. Ma sympathique reconnaissance est acquise à ce qui s'est fait par elle, à toutes les époques, de bon, d'utile et de grand. Ainsi que je n'ai cessé de leur dire, j'ai toujours cru et je crois toujours à l'inopportunité de régler, dès aujourd'hui, et avant le moment où la Providence nous en imposerait le devoir, des questions que résoudront les intérêts et les vœux de notre patrie. Ce n'est pas loin de la France et sans la France qu'on peut disposer d'elle. Je n'en conserve pas moins ma conviction profonde que c'est dans l'union de notre Maison et dans les efforts communs de tous les défenseurs des institutions monarchiques que la France trouvera un jour son salut. Les plus douloureuses épreuves n'ébranleront pas ma foi. »

Il semblait que pour l'Exilé, il ne dût luire un seul jour de bonheur. En France, une politique tracassière tendait tous les jours à l'isoler du sol qu'avaient conquis ses ancêtres et qu'ils avaient rougi de leur sang. Sous le gouvernement de juillet, l'Etat avait fait tous ses efforts pour s'emparer de Chambord, tant on craignait qu'il y eût un contact entre la France et son Souverain légitime. Nombre de procès furent intentés, tous échouèrent; en 1854, le gouvernement impérial, comme s'il accueillait la succession morale du régime de 1830, fit un dernier effort aussi infructueux que les précédents. Il se rejeta d'un autre côté. En 1866, le Prince, ayant publié une lettre qui infligeait un blâme à la politique napoléonienne et semblait être un avertissement prophétique pour l'avenir, la police fit décacheter toutes les lettres. C'était une insulte adressée à la liberté individuelle, la presse s'en émut et le scandale en rejaillit sur le pouvoir. Pourtant il eût été de son intérêt de peser toutes les paroles du royal écrivain, elles eussent épargné à la France bien des ruines et bien du sang. Monseigneur, qui avait sous les yeux les événements de 1866, qui avaient mis la Prusse sur un pied de guerre formidable et abaissé l'Autriche, constatait d'abord que notre influence prépondérante avait été profondément atteinte, « mais ajoutait-il, en indiquant le remède, une sage et ferme conduite, sans témérité comme sans faiblesse, peut la relever. La France, avec son énergie, sa loyauté, son désintéressement prompt à se passionner pour toutes les grandes idées, à se dévouer pour toutes les justes causes, avec son armée aussi admirable par la discipline que par la valeur, avec sa puissante unité, œuvre des siècles, marchera toujours à la tête des nations; sa grandeur est nécessaire à l'ordre, à la stabilité et au repos de l'Europe... » Et il déplorait plus loin les résultats de cette politique antichrétienne sur Rome « où, disait-il, nous laissons abattre en ce moment une des grandes choses que Dieu a faites par la France, *gesta Dei per Francos*, je veux dire la souveraineté temporelle du Chef de l'Église, indispensable garantie de son indépendance et du libre exercice de son autorité spirituelle dans tout l'univers. » Plus tard, à la veille des événements de 1870, il s'écriait (15 nov. 1869) : « La France et la société tout entière sont menacées de nouvelles commotions..... Poursuivre en dehors de la monarchie héréditaire la réalisation des réformes légitimes que demandent avec raison tant d'esprits éclairés, chercher la stabilité dans les combinaisons de l'arbitraire et du hasard, bannir le droit chrétien de la société, baser sur des expédients l'alliance féconde de l'autorité et de la liberté, c'est courir au-devant de déceptions certaines... » Pendant la guerre de Crimée, il s'affligeait « de voir nos braves soldats servir d'instruments à une politique toute personnelle, » et il ajoutait : « N'est-il pas à craindre que ce ne soit là le commencement d'entreprises aventureuses, où les véritables intérêts de la France ne seraient guère consultés? » Il ne jugeait pas autrement les événements de 1860, qui devaient favoriser l'unité italienne, cet avant-coureur de l'unité allemande. Écrivant à une personne qui avait perdu son fils dans la guerre d'Italie, il lui disait : « Qu'il est cruel de voir, au milieu des nouveaux prodiges de valeur de notre incomparable armée, le plus généreux, le plus héroïque, le plus pur sang de la France répandu ainsi par torrents ! Et pourquoi? Que Dieu ait pitié de notre chère et infortunée patrie; qu'il la sauve, et avec elle l'Europe entière des bouleversements dont elles sont encore une fois menacées. »

En même temps M. le Comte de Chambord étudiait attentivement toutes les questions du jour et, peu content de ses propres lumières, recherchait celles des autres. Ici, il faudrait citer des lettres entières de sa correspondance; les bornes dans lesquelles nous nous sommes restreint ne nous le permettent pas. Qu'il nous suffise de dire que rien ne lui échappait : l'agriculture, l'industrie, le commerce, les finances, la guerre, l'enseignement, la politique intérieure et extérieure, et surtout le sort des classes ouvrières, tout lui était familier. Paraissait-il une brochure, un livre qui pût éclaircir un point du grand problème social, il ne manquait pas de les lire; il recevait les journaux des diverses opinions, car il recherchait la vérité, tant de ses amis que de ses ennemis, et lisait assidûment les comptes-rendus des séances du Corps-Législatif.

La mort vint plus d'une fois faire une douloureuse diversion à la vie calme et studieuse de l'exil. Comme vingt ans marquent dans la vie d'un homme! Comptez les deuils depuis 1850 à 1870. En 1850, le culte de la Royauté était encore bien vivace; quelque temps s'écoule et il n'en reste plus qu'un souvenir fugitif, comme si on s'éveillait d'un pénible rêve. Morts de Latour-Maubourg, de Lévis, de La Rochejacquelein, Lamoricière, Cauchy, Berryer, Trébuquet, Nettement, de Riancey et tant d'autres dont le nom nous échappe. Mortes enfin, la fille de Louis XVI, la duchesse de Parme et la duchesse de Berry. Arrêtons-nous un peu devant ces figures royales; il est des douleurs qu'il est bon d'évoquer et de mettre en regard de l'ingratitude humaine.

La vie de la duchesse d'Angoulême, depuis le berceau jusqu'à la tombe, n'a été semée que de malheurs. Dans son jeune âge, elle avait pu entendre, du fond de sa prison, les cris de la hideuse populace révolutionnaire qui lui annonçaient la mort de son père, de sa mère et de sa tante. Elle dut par trois fois prendre la route de l'exil; elle devait y mourir après avoir fermé les yeux au Roi Charles X et à son auguste époux, le duc d'Angoulême. Triste destinée devant laquelle se taisent les partis! Femme incomparable dont la douleur, a dit Châteaubriand, est montée si haut qu'elle est une des gloires de la

France! Ce fut le 17 octobre 1851 qu'elle mourut à Frohsdorf.

Monseigneur et sa sœur s'étaient à peine consolés de cette perte douloureuse qu'un nouveau malheur venait les accabler. Le duc de Parme tombait sous les coups d'un assassin. La révolution avait juré la perte des Bourbons; ses sicaires les poursuivaient partout, tant la vue d'un rejeton de la grande race leur était odieuse, parce que sa Royauté s'appuyait sur l'amour de ses sujets et le respect de la religion. Quand M. le Comte de Chambord vint à Parme, il trouva la situation bien changée. Devenue régente, la duchesse avait puisé dans son malheur une force surhumaine; ses réformes furent si habiles, sa conduite sut si bien gagner l'amour de son peuple que son frère lui-même ne put cacher son admiration. Oh! alors que de doux rêves pour sa sœur chérie et comme il aimait à en tirer des présages consolants pour l'avenir!

Six ans se passent : Napoléon et Victor-Emmanuel envahissent Parme contre le droit des gens, peu après l'infamie révolutionnaire couronne ses forfaits, en violant la neutralité des États du Pape et en chassant par la trahison le dernier Bourbon de son dernier asile, pour qu'il fût dit qu'il ne restait sur le trône aucun représentant royal de cette Maison de France qui, pendant quatorze cents ans, a guidé nos destinées et celles de l'Europe. Quel triste spectacle!

Après les événements de 1860, la duchesse de Parme se retira au château de Warteg, sur les bords du lac de Constance. Elle consacrait ses journées à l'éducation de ses enfants et au soulagement des pauvres. « Depuis que Mme la duchesse de Parme réside à Warteg, disait l'évêque de Saint-Gall, je remarque une notable amélioration dans mon diocèse, ses vertus sont comme un parfum qui purifie l'atmosphère. » Monseigneur venait souvent la visiter dans sa retraite et elle se plaisait, chaque année, à passer quelques jours près de lui à Venise. C'est dans cette ville, que cette princesse de tant de cœur et d'intelligence s'éteignit doucement dans les bras de son frère. Comme dernier gage de son amitié, elle lui léguait le soin de ses enfants; il s'acquitta dignement de cette noble tâche (1er février 1864).

La duchesse de Berry était arrivée trop tard pour recevoir le dernier soupir de sa fille bien-aimée. Elle-même ne devait pas tarder à la suivre dans la tombe. Le 17 avril 1870, elle expirait dans son château de Brunsée. Elle mourut sans avoir vu se lever le jour de la justice, laissant son fils en exil, elle qui avait espéré pour lui le premier trône du monde et qui avait combattu avec tant de courage en 1832 pour le triomphe de ses droits héréditaires!

Quelque temps après, éclatait cette guerre qui nous a légué tant de ruines. Au moment où nos troupes quittaient Rome, laissant les États Pontificaux à la merci des Italiens, les Prussiens envahissaient le territoire de la France. Telle avait été l'imprévoyance du pouvoir qu'il n'avait même pas songé à s'assurer la fuite en cas de défaite. Encore, l'homme de Sedan n'eut même pas le vulgaire courage de risquer sa poitrine en soldat; l'empire, qui n'avait vécu que d'immoralités, finissait par une lâcheté. La démagogie républicaine s'empara du gouvernail de l'État, elle décréta la victoire et ne recueillit que la défaite. La France était écrasée, meurtrie sous les pieds des uhlans, tandis que trônait à Versailles un monarque étranger et protestant, descendant de celui à qui nous permîmes à peine, il y a deux cents ans, de prendre le titre de roi.

M. le Comte de Chambord était douloureusement ému des malheurs de son pays : « Il faut oublier, écrivait-il à l'un de ses amis à la date du 1er septembre 1870, il faut oublier en ce moment tout dissentiment, mettre de côté toute arrière-pensée; nous devons au salut de notre pays toute notre énergie, notre fortune, notre sang. — La vraie mère préférerait abandonner son enfant plutôt que de le voir périr. J'éprouve ce sentiment et je dis sans cesse : *Mon Dieu, sauvez la France, dussé-je mourir sans la revoir.* » Quelle abnégation, quel respect pour sa patrie !

Plus tard, quand la capitale de la France était insultée par les bombes ennemies, l'indignation lui arrache du cœur une protestation qui est entendue du monde entier.

Quelques jours après, Paris tombait entraînant avec lui la ruine de la France, la paix était signée, et quelle paix, grand Dieu ! L'Alsace et une partie de la Lorraine détachées du vieux tronc français, cinq milliards à payer, telle était l'œuvre de la révolution. Ce n'était pas tout : nous devions voir, à deux mois d'intervalle, tournés contre des poitrines françaises, ces mêmes canons qui servaient à nous défendre contre l'étranger. La voix de M. le Comte de Chambord retentit de nouveau en termes si admirables, qu'elle émut la France entière et la consola un moment de ses amertumes. Nous regrettons de ne pouvoir donner au lecteur qu'une faible partie de ces nobles accents : « Croyez-le bien, disait le Prince en terminant, croyez-le bien, je serai appelé, non-seulement parce que je suis l'ordre, parce que je suis le fondé de pouvoirs nécessaire pour remettre en sa place ce qui n'y est pas et gouverner avec la justice et les lois, dans le but de réparer les maux du passé et de préparer enfin un avenir. » — « On se dira que j'ai la vieille épée de la France dans la main et, dans la poitrine, ce cœur de Roi et de père qui n'a point de parti. Je ne suis point un parti et je ne veux pas revenir pour régner par un parti. Je n'ai ni injure à venger, ni ennemis à écarter, ni fortune à refaire, sauf celle de la France, et je puis choisir partout les ouvriers qui voudront loyalement s'associer à ce grand ouvrage. — Je ne ramène que la religion, la concorde et la paix et je ne veux exercer de dictature que celle de la clémence, parce que, dans mes mains, et dans mes mains seulement, la clémence est encore la justice. — Voilà... pourquoi je ne désespère pas de mon pays et pourquoi je ne recule pas devant l'immensité de la tâche. — La parole est à la France et l'heure à Dieu. » (8 mai 1871.)

Seule, après un triple exil, à quarante ans de distance, la Royauté peut faire entendre de tels accents et exciter les espérances de tout un peuple. Malheur à qui ne comprendrait que seule la Monarchie chrétienne peut résoudre la terrible énigme qu'a posée la révolution ! Malheur à qui ne sentirait que Dieu a mis en réserve Henri de Bourbon pour nous sauver, au jour marqué dans ses desseins éternels.

Le jour de la justice commençait à poindre ; la France, par l'organe de ses représentants, votait l'abrogation des lois d'exil de 1832 et 1848 contre l'une et l'autre branche de la Maison de Bourbon.

Depuis quelque temps Monseigneur avait quitté Genève où il avait établi sa résidence et se trouvait avec Madame la comtesse de Chambord à Bruges (29 mars), non loin de notre beau pays. Son cœur de Français tressaille et il ne peut s'empêcher de fouler la terre de ses aïeux.

« Français! Je suis au milieu de vous. Vous m'avez ouvert les portes de la France et je n'ai pu me refuser le bonheur de revoir ma patrie. — Mais je ne veux pas donner, par ma présence prolongée, de nouveaux prétextes à l'agitation des esprits, si troublés en ce moment. — Je quitte donc ce Chambord que vous m'avez donné et dont j'ai porté le nom avec fierté depuis quarante ans, sur les chemins de l'exil. — En m'éloignant, je tiens à vous le dire, je ne me sépare pas de vous, la France sait que je lui appartiens. — Je ne puis oublier que le droit est le patrimoine de la nation, ni décliner les devoirs qu'il m'impose envers elle. — Ces devoirs, je les remplirai, croyez-en ma parole d'honnête homme et de Roi. — Dieu aidant, nous fonderons ensemble et quand vous le voudrez, sur les larges assises de la décentralisation administrative et des franchises locales, un gouvernement conforme aux besoins réels du pays. — Nous donnerons pour garantie à ces libertés publiques, auxquelles tout peuple chrétien a droit, le suffrage universel honnêtement pratiqué et le contrôle des deux Chambres et nous reprendrons, en lui restituant son caractère véritable, le mouvement national de la fin du dernier siècle. — Une minorité révoltée contre les vœux du pays en a fait le point de départ d'une période de démoralisation par le mensonge et de désorganisation par la violence. Ses criminels attentats ont imposé la révolution à une nation, qui ne demandait que des réformes, et l'ont dès lors poussée vers l'abîme où hier elle eût péri, sans l'héroïque effort de notre armée. — Ce sont les classes laborieuses, ces ouvriers des champs et des villes, dont le sort a fait l'objet de mes plus vives préoccupations et de mes plus chères études, qui ont le plus souffert de ce désordre social. — Mais la France, cruellement désabusée par des désastres sans exemple, comprendra qu'on ne revient pas à la vérité en changeant d'erreur; qu'on n'échappe pas par des expédients à des nécessités éternelles. — Elle m'appellera et je viendrai à elle tout entier, avec mon dévouement, mon principe et mon drapeau. — A l'occasion de ce drapeau, on a parlé de conditions que je ne dois pas subir.

» Français! Je suis prêt à tout, pour aider mon pays à se relever de ses ruines et à reprendre son rang dans le monde; le seul sacrifice que je ne puisse lui faire, c'est celui de mon honneur. — Je suis et veux être de mon temps; je rends un sincère hommage à toutes ses grandeurs, et, quelle que fût la couleur du drapeau sous lequel marchaient nos soldats, j'ai admiré leur héroïsme et rendu grâce à Dieu de tout ce que leur bravoure ajoutait au trésor des gloires de la France. — Entre vous et moi, il ne doit subsister ni malentendu ni arrière-pensée. — Non, je ne laisserai pas, parce que l'ignorance ou la crédulité auront parlé de priviléges, d'absolutisme et d'intolérance, que sais-je encore? de dîme, de droits féodaux, fantômes que la plus audacieuse mauvaise foi essaie de ressusciter à vos yeux, je ne laisserai pas arracher de mes mains l'étendard de Henri IV, de François Ier et de Jeanne d'Arc. —

C'est avec lui que s'est faite l'unité nationale, c'est avec lui que vos pères, conduits par les miens, ont conquis cette Alsace et cette Lorraine dont la fidélité sera la consolation de nos malheurs. —Il a vaincu la barbarie sur cette terre d'Afrique, témoin des premiers faits d'armes des princes de ma famille; c'est lui qui vaincra la barbarie nouvelle dont le monde est menacé.—Je le confierai sans crainte à la vaillance de notre armée; il n'a jamais suivi, elle le sait, que le chemin de l'honneur. — Je l'ai reçu comme un dépôt sacré du vieux Roi mon aïeul, mourant en exil; il a toujours été pour moi inséparable du souvenir de la patrie absente; il a flotté sur mon berceau, je veux qu'il ombrage ma tombe. — Dans les plis glorieux de cet étendard sans tache, je vous apporterai l'ordre et la liberté.

» Français ! Henri V ne peut abandonner le drapeau blanc de Henri IV. — (Chambord, 5 juillet 1871.) »

Quelles nobles paroles ! qui ne pourrait s'écrier en les lisant : Vive le Roi !

M. le Comte de Chambord ne passa que trois jours dans son château. Une foule de serviteurs fidèles, nos plus hautes sommités militaires et intellectuelles s'étaient empressés de lui présenter, par eux-mêmes ou par leurs amis, l'expression de leurs hommages Il s'est arraché à leur douce société et a repris de nouveau le chemin de la terre étrangère. Bruges l'a revu dans ses murs, entouré d'une foule de visiteurs français, et c'est avec regret que ses habitants l'ont vu s'éloigner de leur ville.

Le petit-fils d'Henri IV est aujourd'hui à Bruxelles.

VIII. — HENRI V, ROI DE FRANCE.

Henri V ne rétablira ni la dîme ni la féodalité; il ne s'occupera point des biens nationaux. Il ne sera point le Roi du clergé, de la noblesse. Il est à la hauteur de son temps; son programme; ce n'est point un despote, c'est l'ami de nos libertés. Il sera le père du peuple; il en connaît les besoins. Il tiendra ses promesses; car, il est l'honnêteté même. Quel est son héritier? Sagacité de son abstention. Force de la légitimité. Du drapeau. L'heure est à Dieu.

Nous avons esquissé la vie de Henri V, il nous reste maintenant à le juger comme homme politique. C'est dans les lettres du Prince, dans ces feuilles volantes qui n'étaient pas destinées à la publicité, que nous rechercherons ses opinions personnelles. Nous défions qui que ce soit d'y trouver une seule contradiction, tant il y règne une unité de vues, un ensemble de jugements bien rares dans un politique de nos jours. On y trouve la réponse la plus péremptoire aux objections ridicules que les révolutionnaires se sont plu à propager.

Henri V rétablira-t-il la dîme? — Sait-on bien ce que c'est que la dîme? La dîme était une redevance annuelle que payaient au clergé ceux qui relevaient des domaines ecclésiastiques. Or, le clergé était alors propriétaire de grands biens; ces biens, on le sait, furent saisis et vendus par la révolution, la dîme a donc dû disparaître dans le même naufrage.

Les biens nationaux? — Encore un épouvantail. Je vous le demande de bonne foi, est-ce qu'après plus de 80 ans, on pourrait retrouver les anciens titres pour remettre les propriétés au même état qu'avant 1789?

Et la féodalité? nous répètent certaines gens en croyant avoir trouvé un raisonnement convaincant.

— Mais la féodalité a été détruite par les anciens Bourbons, qui ont favorisé l'émancipation des classes bourgeoises et ouvrières par l'établissement des communes, et vous croiriez que leur descendant la ramène. Ce serait le comble de la simplicité.

Henri V sera-t-il le Roi du clergé ? — Laissons-le parler lui-même : « Nul doute, dit-il, que je ne sois disposé à laisser à l'Église la liberté qui lui appartient, et qui lui est nécessaire pour le gouvernement et l'administration des choses spirituelles, et à m'entendre constamment pour cela avec le Saint-Père. Mais de leur côté, les évêques et tous les membres du clergé ne sauraient éviter, avec trop de soin, de mêler la politique à l'exercice de leur ministère sacré et de s'immiscer dans les affaires qui sont du ressort de l'autorité temporelle, ce qui n'est pas moins contraire à la dignité et aux intérêts de la religion elle-même qu'au bien de l'État. » (Lettre du 29 mai 1857.)

Henri V ne sera pas non plus le Roi de la noblesse. — Ce sont ses aïeux qui l'ont abattue, sans toutefois l'envoyer à l'échafaud, comme le fit la révolution de 1793. « Partout et toujours, dit M. le Comte de Chambord, je me suis montré accessible à tous les Français, *sans distinction de classes et de conditions*. Comment pourrait-on me soupçonner de ne vouloir être que le Roi d'un caste privilégiée, ou, pour employer les termes dont on se sert, *le Roi de l'ancien régime, de l'ancienne noblesse et de l'ancienne cour ?* » (22 décembre 1850.) Et plus loin il déclare formellement qu'il ne veut pas être « le Roi d'une classe, ni d'un parti, mais le Roi de tous. » (26 août 1844.)

Ces questions en impliquent nécessairement une autre. Henri V est-il à la hauteur de son temps ? en connaît-il tous les besoins ? n'est-il pas ennemi des libertés publiques? — La question vaut la peine d'être examinée. « Je comprends, dit-il, les conditions que le temps et les événements ont faites à la société actuelle; je reconnais les intérêts nouveaux qui, de toutes parts, se sont créés en France et le rang social que se sont légitimement acquis l'intelligence et la capacité. » (5 octobre 1848.)

Voyons donc quel sera son programme politique : « Vous savez depuis longtemps, disait-il le 9 décembre 1866, les vœux que ma raison et mon cœur me dictent pour la patrie... Un pouvoir fondé sur l'hérédité monarchique, respecté dans son principe et dans son action, sans faiblesse comme sans arbitraire, le gouvernement représentatif dans sa puissante vitalité, les dépenses publiques sérieusement contrôlées, le règne des lois, le libre accès de chacun aux emplois et aux honneurs, le liberté religieuse et les libertés civiles consacrées et hors d'atteinte, l'administration intérieure dégagée des entraves d'une centralisation excessive, la propriété foncière rendue à la vie et à l'indépendance par la diminution des charges qui pèsent sur elle, l'agriculture, le commerce, l'industrie constamment encouragés et au-dessus de tout cela : l'honnêteté! L'honnêteté qui n'est pas moins une obligation dans la vie publique que dans la vie privée; l'honnêteté qui fait la valeur morale des États comme des particuliers. »

Ainsi Henri V comprend tout ce qui est beau et grand et n'est point, comme l'ont prétendu certaines gens dont l'ignorance est la suprême raison, un prince entiché d'idées absolutistes. Un républicain, Ch. Didier, dont nous aimons à citer le témoignage peu suspect, parle en ces termes de l'héritier des Bourbons. « L'esprit de parti le représente comme un absolutiste, et c'est comme tel qu'il apparaît à la foule du fond de son exil; la vérité est qu'il n'y a peut-être pas dans toute l'Europe *un constitutionnel plus sincère* que lui. Bien plus, sauf quelques idées modernes qui ont déteint sur lui dans ces derniers temps et qu'il travaille à s'assimiler, *c'est presque un libéral de la Restauration.* » Enfin, disons que M. le Comte de Chambord n'a rien épargné pour être à la hauteur de ses devoirs : questions religieuses, questions politiques, agriculture, industrie, commerce, guerre, marine, diplomatie, rien n'a échappé à son coup d'œil investigateur.

Si Henri V est un prince ami des libertés et des réformes, il est doué d'une bonté sans égale; tranchons le mot, s'il monte sur le trône, il sera le père du peuple. Quand il n'avait que quatre ans, il s'écriait : « Je veux être Henri IV second ! » La suite de sa vie n'a pas démenti cette parole. Personne n'a plus approfondi cette question ouvrière dont la solution importe tant à la société, nous le voyons tantôt dans ses voyages, tantôt dans les rapports d'hommes experts, chercher les moyens les plus efficaces pour contribuer au soulagement des classes pauvres et laborieuses. Avec quel soin, ne le voyons-nous pas, dans une de ses lettres, s'occuper des plus petits détails de l'agriculture, de la culture du blé, de l'élève du bétail, de la distillerie et de la culture de la betterave et des produits de la vigne. (Lettre du 12 mars 1866.) Ce qui montre surtout que Henri V serait le père du peuple et de tous les Français et non d'une classe privilégiée, ce sont les déclarations formelles qu'il a faites lui-même : « Si la Providence m'appelle à régner un jour, je ne serai pas le Roi d'une seule classe, mais le *Roi de tous.* » (22 décembre 1850. Voir aussi les lettres du 26 août 1844, du 8 mai 1871.)

Autre difficulté, nous admettons bien que Henri V soit un prince éclairé, à la hauteur de son temps, mais enfin tiendra-t-il ses promesses? — Savez-vous ce qui frappe en lui? c'est la sincérité et la franchise; le républicain Charles Didier vante sa figure « très-agréable, franche, ouverte, sympathique..... Son rire, dit-il, est si franc qu'il est communicatif... Il regarde si droit et si fixe que je considère comme impossible de lui mentir en face. Quant à lui, il suffit de le voir pour demeurer convaincu de sa véracité. » Disons-le ici, ce qui vient de frapper tout le monde, après le manifeste daté de Chambord, c'est toujours la sincérité du descendant de saint Louis et quelques-uns ont poussé si loin leur pensée sur ce sujet, qu'ils ont dit que M. le Comte de Chambord avait perdu sa cause par sa trop grande franchise. Enfin, qu'on nous permette une dernière réflexion, Henri V ne s'est jamais contredit ou rétracté. Si le pays croit voir dans ses déclarations le gage d'un meilleur avenir, il est là; si la nation veut chercher d'autres gouvernements, fidèle à ce qu'il a si souvent dit et fait, il ne tentera rien pour rentrer sur le trône de ses pères; sa conduite sous le gouvernement de juillet, sous la république et l'empire, en est la preuve éclatante. Là est bien le comble de l'honnêteté. Quel autre se résoudrait à ne tremper dans aucunes intrigues, dans aucuns complots et verrait la couronne fuir, loin de lui, sans tenter de la reprendre? « M. le Comte de Chambord, a dit un de nos anciens députés, est la représentation la plus haute, la plus noble et la plus digne du principe d'hérédité. Il conserve précieusement intact le droit monarchique héréditaire; et, comme personne ne peut sonder les impénétrables mystères de l'avenir, qui sait s'il ne sera pas un jour pour ce pays une ressource suprême? »

Henri V n'a pas d'enfants; quel sera l'héritier du trône? — M. le comte de Paris. Dans notre ancienne Monarchie, la ligne directe de nos Rois plus d'une fois s'est éteinte; alors succédait le plus proche parent par la ligne masculine : pourquoi voudrait-on rompre aujourd'hui cette loi fondamentale de nos pères, si M. le comte de Paris, docile aux conseils de son aïeul Louis-Philippe, est le plus fidèle sujet de M. le Comte de Chambord?

Il y a peut-être des gens qui demandent pourquoi l'on n'offre pas de suite la couronne à M. le comte de Paris; cette combinaison, disent-ils, épargnerait un changement de succession, qui peut amener bien des bouleversements. — Question captieuse! Henri V est le droit, vous le dites; pour que M. le comte de Paris en soit le dépositaire, il faut que Henri V ait abdiqué ou, ce qu'à Dieu ne plaise, que son corps repose à Saint-Denis. Autrement l'avénement de M. le comte de Paris ne serait qu'une nouvelle cause de trouble, son pouvoir ne se fonderait que sur un coup d'État ou sur un plébiscite arraché par surprise, en un mot, sur le droit révolutionnaire. Le principe héréditaire, une fois violé en faveur du petit-fils de Louis-Philippe, pourra bien l'être, au détriment de ses enfants et au profit d'un Napoléon IV ou du premier venu. Que les princes d'Orléans le comprennent tous; par leur soumission à Henri V, ils font partie de la grande Maison de France; sinon, ils ne sont que de simples particuliers, ou pour mieux dire *des prétendants*.

La dernière objection que l'on fait au retour du descendant de saint Louis, c'est sa *politique d'abstention*. On admet bien qu'il soit doué d'une intelligence supérieure et de vertus éclatantes, mais on conteste son énergie. Quelles sont ses actions depuis qu'il est hors de France? nous dit-on, quelques paroles, jamais de faits. En 1848, entre autres, que n'est-il venu en France s'emparer d'un fauteuil présidentiel ou prendre la couronne, après avoir incarcéré ou tué les récalcitrants ; il se résigne à une inaction forcée dans sa solitude de Frohsdorf. — Vous avez entendu ! ainsi l'honnêteté est moins estimée que le parjure ou le crime? vous qui déplorez tant nos luttes intestines, vous admettez donc que la vertu est de faire la guerre civile et que, peu importe le nombre d'hommes tués ou couchés sur le terrain, pourvu que leurs cadavres servent de marchepied pour monter sur le trône. Nous le regrettons et la seule conséquence que nous ayons à déduire, c'est que le sens moral s'est bien affaibli par l'oubli des principes. Vous ignorez donc un point essentiel ; c'est la différence entre le *droit et la révolution*. L'un est la force morale, l'autre la force matérielle. Le principal argument de la révolution est la *souveraineté du peuple*. Le peuple a le droit de faire ou de défaire son souverain à sa volonté. Étrange doctrine ! mais pour cela, il faudrait que les masses populaires fussent instruites, éclairées, autrement elles seraient séduites par des mécontents ; qu'elles fussent sans passions, sans préjugés, autrement elles se laisseraient aveugler. Nous en avons un exemple frappant dans notre histoire. Tout le monde s'accorde à reconnaître Louis XVI comme le meilleur des Rois, quelle fin fut plus malheureuse que la sienne? Les Bonaparte tiraient toute leur force de ce dogme, là aussi était leur faiblesse, la main qui les avait élevés pouvait les défaire. Pour obvier à cet inconvénient, ils s'appuyèrent sur la force; qu'arriva-t-il? aux jours du danger, ils ont été balayés par l'orage. Voyez Napoléon Ier et Napoléon III, ils sont vaincus; leur défaite est le tombeau de leur empire. Regardez au contraire nos anciens Rois : Philippe de Valois perd une grande bataille, Jean le Bon est fait prisonnier, rien n'est changé dans l'ordre héréditaire; Charles VII, enfin, réduit à un tiers de son royaume, François Ier captif, Louis XIV vaincu ne voient pas leurs trônes soumis aux caprices du moment. C'est donc fort de son droit, fort du principe héréditaire que Henri V s'est abstenu d'influencer la France, c'est par amour pour son pays. « Tout pour la France et par la France. » « Mon règne, dit-il, ne saurait être ni la ressource ou l'œuvre d'une intrigue, ni la domination exclusive d'un parti. » (15 janvier 1849.) Il n'a pas sollicité des électeurs de l'admettre au fauteuil présidentiel, non il est le *Roi*; le principe qu'il représente n'est pas à la merci d'un parti, *il doit être reconnu*. Là est sa force, il ne veut pas rentrer en France par une porte basse et dérobée, il faut qu'on la lui ouvre à deux battants.

Quel spectacle que de voir le descendant des Rois qui ont fait la grandeur de la France, passer dans l'exil toutes les plus belles années de sa vie, et pouvoir enfin, au bout de quarante ans de proscription, respirer pendant trois jours seulement l'air de sa patrie! Victime de nos révolutions, petit-neveu d'un Roi qui périt sur l'échafaud, fils d'un père lâchement assassiné, petit-fils d'un Roi mort dans l'exil et frère d'une princesse dont le courage et les malheurs ont fait l'admiration de l'Europe, oh ! dites-nous, lui avez-vous entendu parler avec amertume de son pays ? Dites, si, au seul nom de la France, ses yeux ne se sont pas emplis de pleurs ? car l'exil n'a pu lui enlever « ce cœur de Roi et de père qui n'a point de parti » ni de ressentiment, et c'est toujours un cri d'amour pour la France qui s'échappe de sa poitrine.

La question du drapeau a fait naître beaucoup d'animosité parmi différents esprits. Que le bon sens populaire juge lequel mérite mieux du pays, du drapeau tricolore représentant de la révolution, ou du drapeau blanc l'étendard de l'ordre et du droit. Le drapeau tricolore, né dans le crime, s'est usé en quatre-vingts ans d'existence ; il ombrageait la tête des sicaires de 1793 lorsque Louis XVI périt sur l'échafaud et depuis accompagnait les victimes au supplice ; en 1814 et 1815, il nous a enlevé au nord une partie des conquêtes de Louis XIV ; tout récemment, il vient de nous enlever l'Alsace et une partie de la Lorraine et remplit les musées de l'Allemagne : tandis que le drapeau blanc, fort de plusieurs siècles de gloire, a vu fuir devant lui les Anglais, a rendu libres l'Amérique et la Grèce, nous a donné l'Alsace, la Lorraine et Alger ; au drapeau des Condé, des Turenne, des Jeanne d'Arc, qui osera préférer le drapeau tricolore des Bonaparte et des Marat qui a flotté si souvent sur les barricades et nous lègue la France amoindrie et la honte de la défaite ?

Est-ce que, par hasard, le langage de M. le Comte de Chambord est trop élevé pour nous ; serait-il trop honnête, trop digne, trop vertueux ? Peuple Français, que veux-tu donc ? — Serons-nous toujours destinés à errer en de perpétuelles fluctuations et à changer tous les dix-huit ou vingt ans de forme de gouvernement? Alors, quelle stabilité attendre, quel progrès espérer? Cependant nous avons soif d'avenir, nous le sentons, pourquoi vivre au jour le jour sous un pouvoir éphémère, se coucher le soir en république et se réveiller demain impérialiste? Le salut, c'est la légitimité. Henri V frappe à notre porte ; ouvrez, ouvrez, c'est la fortune de la France. Oui, sur ce front si pur, est descendu un rayon de la divinité. Tel il apparut à un de ses ennemis politiques qui ne put s'empêcher de s'écrier : « Deux choses frappent en lui, un air de grandeur et de prédestination » et à cet étranger qui disait : « Pendant qu'il parlait, n'avez-vous pas cru voir la main de Dieu sur sa tête? » Il sauvera le pays parce que seul il est « le fondé de pouvoirs nécessaire pour remettre en sa place ce qui n'y est pas. » (8 mai 1871.)

Espérons que la Providence dessillera enfin les yeux de notre patrie et que de tous les cœurs s'échappera le cri de nos pères : *Vive le Roi !* Quand viendra ce jour béni? « La parole est à la France, l'heure est à Dieu ! »

Imprimerie L. Toinon et Ce, à Saint-Germain.

www.ingramcontent.com/pod-product-compliance
Ingram Content Group UK Ltd.
Pitfield, Milton Keynes, MK11 3LW, UK
UKHW020321220726
13923UKWH00003B/1297